Jörg Nießen

112 GRÜNDE, DIE FEUERWEHR ZU LIEBEN

Eine Hommage an eine ganz besonders heiße Institution

Mit Illustrationen von Marco Reichert

W0178987

SCHWARZKOPF & SCHWARZKOPF

VORWORT
Heiße Liebe
Seite 9

KAPITEL 1
Brennende Leidenschaft
Seite 11

Weil ein Kindheitstraum wahr werden kann | Weil man als Kind schon damit spielen kann | Weil Feuerwehrfahrzeuge Groß und Klein begeistern | Weil man sein Hobby zum Beruf machen kann | Weil die Feuerwehr eine Sucht sein kann | Weil die Feuerwehr ihre eigenen Helden hat | Weil das Martinshorn in Feuerwehrohren manchmal wie Musik klingt | Weil Feuer auch eine faszinierende Seite hat

KAPITEL 2
Das 112-Universum
Seite 27

Weil 24-Stunden-Dienst eine feine Sache ist | Weil die Ausbildung eine wirklich spannende Zeit ist | Weil ich gern als Beamter bei der Feuerwehr arbeite | Weil man sich innerhalb der Feuerwehr auch mal verändern kann (Teil 1) | Weil ein Bürojob mich umbringen würde | Weil es bei der Feuerwehr gute Beförderungsmöglichkeiten gibt | Weil mittlerweile auch Frauen mitspielen dürfen | Weil die Feuerwehren gigantisches Human Capital besitzen | Weil die Feuerwehr eine Institution mit Geschichte ist | Weil man sich innerhalb der Feuerwehr auch mal verändern kann (Teil 2) | Weil es den vorbeugenden Brandschutz gibt | Weil Tierrettung ein Quell der Freude ist (Teil 1) | Weil ohne freiwillige Feuerwehr halb Deutschland brennen würde | Weil es die Kinder- und Jugendfeuerwehr gibt | Weil die Feuerwehr ein Teil der Dorfgemeinschaft ist | Weil es auch spezialisierte Feuerwehren gibt | Weil die Feuerwehr auch im Rettungsdienst tätig ist | Weil Dienstsport ein Minimum an Fitness garantiert | Weil es bei der Feuerwehr sogar Wettkämpfe gibt | Weil Feuerwehrleute glückliche Menschen sind

KAPITEL 3

Der gute Ruf

Seite 63

Weil bis jetzt noch jedes Feuer gelöscht wurde | Weil man in der Bevölkerung hohes Ansehen genießt | Weil Feuerwehrfeste besser sind als ihr Ruf | Weil man eine Uniform tragen darf | Weil man sein Helfersyndrom ausleben kann | Weil Feuerwehrmänner heutzutage nicht mehr in jeder Situation harte Kerle sein müssen | Weil die Feuerwehr keine Strafzettel verteilt | Weil Feuerwehrleute einen besonderen Humor pflegen | Weil die Feuerwehr ein Gefühl der Sicherheit vermittelt | Weil die Feuerwehr unabhängig und unvoreingenommen ist

KAPITEL 4

Gewusst wie

Seite 79

Weil da immer jemand ans Telefon geht … | Weil Ortskunde beweist, dass der Weg nicht das Ziel ist | Weil man ein instinktives Sicherheitsdenken entwickelt | Weil man bei der Feuerwehr lernt, die Dinge mit anderen Augen zu sehen | Weil sonst kaum jemand Werbung für Rauchmelder macht | Weil Feuerwehrleute tolle Ersthelfer sind | Weil die Feuerwehr manchmal auch ein Kindergarten ist | Weil man als Schaulustiger sonst nix zum Gucken hätte | Weil man vor Feuerlöschern keine Angst haben muss | Weil Brandschutzerziehung langfristig Leben rettet | Weil die Feuerwehr jede Alarmierung ernst nimmt

KAPITEL 5

Im Einsatz

Seite 101

Weil man mit der Feuerwehr auch hinter die Kulissen blicken darf | Weil die Schutzkleidung die Sauna ersetzt | Weil die Ausrüstung der Feuerwehr nicht nur aus Schläuchen besteht | Weil die Feuerwehr noch Hierarchien kennt | Weil die Arbeit in der Leitstelle eine echte Herausforderung ist | Weil die Feuerwehr mein Leben gerettet hat – Martina R. berichtet | Weil die Feuerwehr auch improvisieren kann | Weil Einsätze auch Spaß machen | Weil die Feuerwehr meinen

Keller leergepumpt hat – Robert L. erzählt | Weil die Feuerwehr auch den Umweltschutz im Blick hat | Weil die Feuerwehr sich auch um Ölspuren kümmert | Weil man mit Blaulicht fahren darf | Weil Tierrettung ein Quell der Freude ist (Teil 2) | Weil man als Feuerwehrmann in viele gesellschaftliche Abgründe blicken darf | Weil bei der Feuerwehr auch Teddybären zum Einsatz kommen

KAPITEL 6
Kollegiales und Kameradschaftliches
Seite 129

Weil man internationale Freunde haben kann | Weil immer das Team zählt, mer kumme met alle Mann vorbei | Weil die Kollegen ab und zu in den Abendnachrichten zu sehen sind | Weil die Kameraden mehr als nur Arbeitskollegen sind | Weil die Wachen und Wehren sich gegenseitig unterstützen | Weil man bei der Feuerwehr lernt, Rücksicht zu nehmen

KAPITEL 7
Menschliches und Zwischenmenschliches
Seite 141

Weil der Apfel nicht weit vom Stamm fällt | Weil junge Väter bei der Feuerwehr gut aufgehoben sind | Weil regelmäßige Abwesenheit jede Beziehung frisch hält | Weil es bei der Feuerwehr besondere Hochzeiten gibt | Weil Feuerwehrmänner von ihren Kindern bewundert werden | Weil die Kollegen auch nach der Pensionierung mit der Feuerwehr verbunden bleiben können | Weil Feuerwehrmänner eine gewisse Anziehungskraft auf Frauen haben | Weil Feuerwehrmänner die besseren Liebhaber sind

KAPITEL 8
Sympathische Eigenarten
Seite 157

Weil die Feuerwehr auch nachtaktiv ist | Weil Feuerwehrleute fachsimpeln können | Weil Orden und Abzeichen so hübsch aussehen |

Weil die Feuerwehr im besten Sinne nostalgisch sein kann | Weil man über sein Berufsleben Bücher schreiben kann | Weil die Feuerwehr sich sogar um meinen Bartwuchs kümmert | Weil man manchmal Dinge tun darf, die andere Leute nicht dürfen | Weil bei der Feuerwehr Modellfreunde auf ihre Kosten kommen | Weil mein Bild in einem zwielichtigen Kalender auftauchen kann

KAPITEL 9
Kleine Vorteile
Seite 173

Weil man regelmäßig ärztlich untersucht wird | Weil man ein beliebter Nachbar und Mieter ist | Weil die Feuerwehr auch an Feiertagen Dienst schiebt | Weil man eine medizinische Grundausbildung erhält | Weil die Feuerwehr heutzutage psychologische Unterstützung anbietet | Weil man mit der Feuerwehr seine Stadt kennenlernen darf | Weil es nichts Abwechslungsreicheres gibt | Weil die Feuerwehr als Erstes geimpft wird | Weil Feuerwehrleute etwas vom Handwerk verstehen | Weil man auch mal dienstlich ins Bordell darf

KAPITEL 10
Was Sie nicht erwartet haben
Seite 193

Weil Man(n) auf der Wache eine hohe Haushaltskompetenz entwickelt (Teil 1) | Weil die Feuerwehr auch über sich selbst lachen kann | Weil Feuerwehrleute alle in den Himmel kommen | Weil die Feuerwehr martialische Sprüche liebt | Weil Dalmatiner Feuerwehrhunde waren | Weil Rutschstangen kein Relikt sind | Weil Feuerwehrmänner lange Schläuche haben | Weil man oft eine Gummimaske im Gesicht hat | Weil man bei der Feuerwehr Kurioses erlebt | Weil die Feuerwehr keine Aktiengesellschaft ist | Weil Feuerwehrleute auch im Zirkus oder im Varieté auftreten können | Weil es sogar einen Feuerwehrkuchen gibt | Weil die Feuerwehr Musik im Blut hat | Weil Man(n) auf der Wache eine hohe Haushaltskompetenz entwickelt (Teil 2) | Weil bei der Feuerwehr die Drachen noch nicht ausgestorben sind

HEISSE LIEBE

»112 Gründe, die Feuerwehr zu lieben« – Im Duden heißt es, etwas zu lieben sei – unter anderem – eine gefühlsbetonte Beziehung zu einer Sache, Idee oder Ähnlichem.

Obwohl mich das schöne Wortspiel mit der Notrufnummer im Titel sofort begeistert hat, habe ich mich beim Schreiben der ersten Geschichten schon gefragt, ob der Titel nicht doch eine Nummer zu groß ist – Liebe ist nun mal ein großes Wort, und auch das dazugehörige Verb klingt nicht viel kleiner.

Beim Schreiben durfte ich aber feststellen, dass ich tatsächlich in die Feuerwehr verliebt bin. Mit jedem Grund, den ich fand und den ich beschrieben habe, wurde die Beziehung zu meinem Beruf und meiner Berufung ein klein wenig intensiver. Wie viele Facetten und Blickwinkel hatte ich bisher nur oberflächlich betrachtet! Erst durch das Schreiben dieses Buches ist mir bewusst geworden, wie vielseitig, abwechslungsreich und erfüllend die Feuerwehr tatsächlich ist.

Die hier beschriebenen 112 Gründe sollen natürlich in erster Linie feurige Unterhaltung bieten, sie enthalten aber auch ein paar brandheiße Tipps, um den gefährlichen Alltag da draußen zu überleben. (Schließlich gibt es immer noch Millionen Haushalte in Deutschland, die nicht über einen einzigen lebensrettenden Rauchmelder verfügen!)

»Weil ein Kindheitstraum wahr werden kann« oder »weil man mit Blaulicht fahren darf«, sind sicherlich bekannte Gründe, die Feuerwehr zu lieben und für jedermann einleuchtend. Dennoch finden sich auch überraschende Gründe in diesem Buch wieder: Wer hätte demnach gedacht, dass Feuerwehrmänner auch die besseren Liebhaber sind und dass sich die Feuerwehr sogar um den Bartwuchs ihrer Männer kümmert?!

Natürlich sind alle Gründe subjektiv, denn es sind meine persönlichen 112 Gründe. Jeder andere Autor hätte andere Anlässe und Argumente gefunden, die mir vielleicht verborgen geblieben sind oder denen ich nicht zustimmen würde.

Mir ist selbstverständlich klar, dass jede Medaille zwei Seiten hat, und somit gibt es sicherlich auch viele Gründe, warum man die Feuerwehr nicht leiden kann. Doch dieses Kapitel habe ich absichtlich nicht in dieses Buch aufgenommen, denn mal ehrlich: Niemand interessiert sich für eine Geschichte mit dem Titel »Weil die Feuerwehr die Autobahn gesperrt hat und ich deshalb einen Termin verpasste«.

Von der ersten Zeile an war es mein Plan, einen schriftlichen Lobgesang auf die Feuerwehrfrauen und Feuerwehrmänner in diesem Land zu verfassen. Die Institution Feuerwehr hat es verdient, dass man sie auch einmal bejubelt und hochleben lässt. Egal, ob Sie bislang Berührungsängste gegenüber der Blaulichtszene hatten oder seit Jahren ehrenamtlich Ihr Leben riskieren beziehungsweise beruflich Ölspuren bekämpfen – ob mein Plan funktioniert hat, können nur Sie als Leser beurteilen.

Ich wünsche Ihnen viel Spaß beim Lesen!

Ein fröhliches Tatütata,
Ihr Jörg Nießen

KAPITEL 1

BRENNENDE LEIDENSCHAFT

Weil ein Kindheitstraum wahr werden kann

Berichte meiner geliebten Mutter über meine frühen Kindheitsträume zeugen davon, dass der kleine Jörg abwechselnd entweder Landwirt oder Archäologe werden wollte. Auch wenn beides durchaus ehrbare Berufe sind – aus heutiger Sicht muss ich sagen: Gott sei Dank gehen nicht alle Wünsche und Träume in Erfüllung.

Zugegeben, die Feuerwehr hatte ich nie als Berufswunsch im Sinn. Zwar wurde ausgiebig mit Plastikfiguren und Fahrzeugen das Feuerwehrleben nachgespielt, aber auf die obligatorische Frage der Tanten und Omas »Na, was willst du denn später einmal werden?« wäre »Feuerwehrmann« vermutlich meine letzte Antwort gewesen.

Tatsache aber ist, dass viele meiner Kollegen seit frühesten Kindertagen Feuerwehrmann werden wollten und auch stetig darauf hingearbeitet haben.

Woher kommt eigentlich diese Faszination der Kinder für die Feuerwehr? Ist es der in uns tief verwurzelte Wunsch, das Feuer zu beherrschen? Ist es der infantil naive Wunsch, allen Menschen zu helfen? Begreifen schon Vierjährige, dass Blaulicht und Martinshorn im Straßenverkehr äußerst praktische Dinge sind? An ein paar hübschen Bilderbüchern und dem feuerspeienden Drachenjungen Grisu allein kann es ja wohl nicht liegen. Es will schließlich auch kein Kind gleich Wikinger werden, nur weil es mal *Wickie* im Fernsehen gesehen hat. Abschließend kann ich die Frage leider nicht beantworten, aber es scheint so, als ob mit der Feuerwehr ausschließlich Positives verknüpft wird.

Eine weitere, nicht unerhebliche Frage ist die folgende: Wann gilt der Kindheitstraum eigentlich als erfüllt? Muss ich Berufsfeuerwehrmann werden und mit dem Brandschutz meinen Lebensunterhalt verdienen? Oder reicht es, wenn ich nach einem Feuerwehrfest im angetrunkenen Zustand zahlendes Mitglied der örtlichen freiwilligen Löschgruppe geworden bin? Ob Kinderfeuerwehr, Jugend-feuerwehr, freiwillige Feuerwehr oder Berufsfeuerwehr, oder sogar alles in Personalunion, über die richtige Dosis muss wohl jeder Träumende am Ende selbst entscheiden.

Aber wie auch immer, Träume sind etwas Wunderbares. Sie be-flügeln die Fantasie und geben Hoffnung und Ansporn. Besonders befriedigend ist es, wenn man realistische Träume hat. Es ist jeden-falls weitaus wahrscheinlicher, Feuerwehrmann oder Feuerwehr-frau zu werden, als Astronaut oder Bundeskanzlerin.

GRUND NR. 2

Weil man als Kind schon damit spielen kann

Das sind schöne Erinnerungen, die da in mir hochkommen, wenn ich an ein Weihnachtsfest in den frühen Achtzigerjahren denke, als die Welt noch in Ordnung war und für mich unterm Tannenbaum eine Feuerwehrdrehleiter im Maßstab 1:25 lag, mit der ich den rest-lichen Abend begeistert spielte.

Die Weihnachtsgeschichte war abgemeldet, es gab Wichtigeres zu tun. Die Drehleiter und die Spielfiguren mussten zusammen-gebaut, beklebt und ausgerüstet werden, bevor sie einsatzbereit waren. Aber dann konnte es losgehen, ein fiktiver Tannenbaum-brand wurde schnell gelöscht, und Vaters Gesichtsausdruck zeigte erste Zweifel, ob das Geschenk den Abend überhaupt überleben würde.

Das tat es, und als hätten sich alle Eltern abgesprochen, hatte fast jedes Nachbarskind, das ein Y-Chromosom abbekommen hatte, auch ein Feuerwehrspielzeugauto geschenkt bekommen. Auf ein Wachgebäude wurde verzichtet, doch das war auch nicht erforder-lich, denn die Nachbarskinder hatten einen Löschzug kreiert, der quasi immer im Einsatz war.

Drei bis vier mit ihren Feuerwehrfahrzeugen bewaffnete Jungs waren permanent damit beschäftigt, Häuser aus Holz und Pappe zu löschen, wobei ich zugeben muss, dass auch ein paar Puppenhäuser zweckentfremdet wurden, die anschließend für ihre eigentliche Nutzung nicht mehr zur Verfügung standen. Aber nicht nur Brandereignisse beschäftigten uns, auch die technische Hilfe stand schon auf dem Programm, und so wurden in Wäldern und Feldern aufwendige Rettungsaktionen vermisster und verschütteter Plastikfiguren durchgeführt, bis entweder der Einsatzerfolg oder die einsetzende Dunkelheit unser kreatives Spiel beendete.

Das damalige Spiel hat sich im Nachhinein übrigens als gute Schule erwiesen. Heutige Führungsstrukturen und Arbeitsabläufe wurden schon damals instinktiv umgesetzt. Als Heranwachsender konnte ich mit Freunden sogar einen Waldbrand verhindern, und auch der Vollbrand eines Gartenhauses wurde von uns mit einer Gartenschlauch-Riegelstellung heldenhaft in Schach gehalten. Auch wenn das Gartenhaus letztendlich aufgegeben werden musste – das

14

direkt angrenzende Wohnhaus haben wir gerettet. Stellen Sie mir bitte keine Fragen, wie dieses Feuer eigentlich entstanden ist, ich müsste mich vielleicht, eventuell, unter Umständen, selbst belasten.

Wie gern würde ich noch einmal einen Nachmittag in meiner Kindheit verbringen, um gemeinsam mit Roland, Thomas S. und Thomas K. Feuerwehr zu spielen. Mein Gott, was waren wir für Brandmeister!

Weil Feuerwehrfahrzeuge Groß und Klein begeistern

Die Feuerwehr ist niemals unbeobachtet. Wenn irgendwo, aus welchem Grund auch immer, ein Feuerwehrfahrzeug parkt, dauert es nicht lange, bis sich jemand dafür interessiert. Vom neugierigen Passanten über den besorgten Nachbarn bis hin zu Vater und Sohn, die zufällig durch die Straßen spazieren.

Meist beginnt es mit einem Ziehen am Arm. Dann folgt ein ungeduldiges Rucken, das sich in kurzer Folge wiederholt, und anschließend hängt der kleine Kevin-Marvin-James dann unter Ausnutzung der Schwerkraft an der oberen Extremität seines Vaters. Dies tut er so lange, bis sein Papa endlich die Richtung wechselt und auf das große rote Auto mit den blauen Lampen zusteuert. Auf die Beschreibung der dazugehörigen Akustik wurde bewusst verzichtet, um die entspannte Ruhe beim Lesen nicht zu stören.

Kevin-Marvin-James ist gerade vier Jahre alt. Noch nie wurde sein Leben von der Feuerwehr gerettet, noch nie hat er eine Feuerwache von innen gesehen, aber dennoch übt dieses große rote Auto mit den blauen Lampen eine schier magische Faszination auf ihn aus. Leider geben die kleinen Hosenscheißer auf die Frage »Was ist an der Feuerwehr eigentlich so faszinierend?« keine adäquaten Antworten. Stattdessen wird nun ängstlich Papas Bein umklammert und schüchtern auf den Boden gestarrt. Zur Wiedergutmachung wird der kleine Mann dann noch kurz auf den Fahrersitz gesetzt, wo er mit vollgespeichelten Fingern am Lenkrad rumspielen darf. Nun gerät auch Papa langsam aus dem Häuschen. Die infantile Begeisterung über das gerade stattfindende Abenteuer und darüber, es später Mutti erzählen zu können, kennt keine Grenzen.

Ein Jahr später, gleiche Situation. Kevin-Marvin-James war mittlerweile mit der Kindergartengruppe auf der Feuerwache und ist seitdem ausgewiesener Feuerwehrfachmann. Von Angst oder Schüchternheit ist nichts mehr zu spüren. Ganz im Gegenteil: Wenn man nicht aufpassen würde, wäre der Kleine in kürzester Zeit in der Lage, die Einsatzbereitschaft eines Löschfahrzeugs empfindlich zu stören. Da wird durch den Mannschaftsraum getobt, da werden Gerätefächer geöffnet und ausgeräumt, eine Atemschutzmaske sitzt auch schon auf dem Gesicht, und kurz bevor der süße Fratz das Martinshorn ausprobiert, schreitet ein freundlicher Feuerwehrmann ein und versucht, die Aufmerksamkeit des

potenziellen Nachwuchses lieber auf die Feuerlöschkreiselpumpe zu lenken.

Von der ist auch Papa vollkommen begeistert, denn seit mehreren Minuten hängt er gebannt an den Lippen eines anderen Kollegen, der mitteilungsfreudig technische Details verrät. Nur unterbrochen von gelegentlichen väterlichen Ahhs und Ohhs werden Löschwassertank, Pumpenaufbau und die Zusammenhänge zwischen Pumpendruck und Förderleistung ausführlich erläutert, bis der nahende Sonnenuntergang Vater und Sohn zur Heimkehr zwingt.

Leuchtende Kinderaugen sind etwas Wunderbares. Wenn man dann noch den Vater beim Strahlen erwischt, ist das Glück fast vollkommen. Und das nur aufgrund eines großen roten Autos mit blauen Lampen auf dem Dach.

GRUND NR. 4

Weil man sein Hobby zum Beruf machen kann

Was fange ich mit meiner Freizeit an? Das ist heute eine Frage, die sich bereits Kinder stellen. Im Rahmen der Talentförderung schickt Mutti das Kind zum Ballett, zum Fußball, zum Judo oder zum Klavierunterricht – schließlich muss man die Interessen der Kleinen noch ausloten. Mit etwas Glück landet der Nachwuchs dann unabhängig vom Geschlecht bei der Feuerwehr. Behalten Sie als Mutter und Vater den Moment, in dem diese Entscheidung getroffen wurde, in guter Erinnerung; vielleicht beobachten Sie gerade das Samenkorn, dessen Frucht Sie in circa 20 Jahren ernten können.

Lesen, Schwimmen, Radfahren – das sind Hobbys, die ich in Kindertagen gelangweilt unter die entsprechende Rubrik in nervige Poesiealben geschrieben habe. Wie viel Stolz hätte mich erfüllt, wenn ich stattdessen »Mitglied der Kinderfeuerwehr« hätte schreiben können! Aber leider gab es diese Feuerwehrgattung damals noch nicht.

Heutzutage könnte ein typischer Werdegang im Brandschutz ungefähr so aussehen: Kinderfeuerwehr, Jugendfeuerwehr und schließlich vollwertiges Mitglied der freiwilligen Feuerwehr. Oft wird aber auch noch mehr daraus. Nicht wenige Kollegen haben den Mittelpunkt ihrer Freizeit irgendwann aus den verschiedensten Gründen zum Beruf gemacht.

Jonas zum Beispiel. Er war es leid, von seinem Chef auch im fünften Jahr als gelernter Orgelbauer wieder nur mit einem Jahresvertrag abgespeist zu werden. Planungssicherheit für die Gründung einer Familie war so nicht zu erreichen. Der Wechsel in einen anderen Betrieb war schwierig, Orgelbauerbetriebe gibt es nun mal nicht wie Sand am Meer. Als eine nahe gelegene Berufsfeuerwehr Nachwuchs suchte, wusste Jonas, was zu tun war. Dank 15 Jahren freiwilliger Feuerwehr wusste er, worauf er sich einließ. Den Schritt hat er nie bereut. Oder Tobias. Ihm wurde nach seiner Ausbildung zum Dachdecker sogar eine unbefristete Stelle angeboten, aber die Arbeit machte ihm einfach keinen Spaß. Klar, das Leben ist kein Ponyhof, aber auf Dächern herumzuturnen und dabei von der Feuerwehr zu träumen kann sogar gefährlich werden. Tobias hatte seit seinem zwölften Lebensjahr jede freie Minute bei der Löschgruppe seines Stadtteils verbracht, er würde lieber für die Feuerwehr auf Dächern herumturnen. Geschadet hat ihm die Ausbildung zum Dachdecker trotzdem nicht, denn ohne ein erlerntes Handwerk hätte ihn die Berufsfeuerwehr gar nicht erst eingestellt.

Wenn sich im Leben die Möglichkeit ergibt, das Angenehme mit dem Nützlichen zu verbinden, sollte man die Gelegenheit auch ergreifen. Es gibt nicht viele Hobbys, die die Möglichkeit bieten, die eigene Berufung zum Beruf zu machen. Wenn man damit auch noch seinen Lebensunterhalt bestreiten kann, dann ist die Saat aufgegangen, die mit dem Hobby gelegt wurde.

Weil die Feuerwehr eine Sucht sein kann

Dem Autor ist durchaus bewusst, dass dieser Grund, die Feuerwehr zu lieben, durchaus etwas polarisieren könnte.

Erstens ist der Begriff »Sucht« sehr negativ besetzt – man denkt sofort an Heroin, Drogentote und bekiffte Jugendliche auf S-Bahnhöfen –, und zweitens haben die meisten Menschen, wenn man es genau betrachtet, nur sehr ungern mit der Feuerwehr zu tun. Zwar hat unsere Gesellschaft eine hohe Meinung von der Feuerwehr, aber Sätze wie »Wir haben uns so lange nicht gesehen, da hab ich mal das Wohnzimmer angezündet« hört man doch eher selten, von Abhängigkeit also keine Spur.

Vielmehr sind mit der Überschrift die Mitglieder der Feuerwehr gemeint. Natürlich kann und darf man auch hier nicht alle über einen Kamm scheren, aber es gibt durchaus Kollegen, egal ob bei der freiwilligen oder der Berufsfeuerwehr, die den Brandschutz zu ihrem erklärten Lebensmittelpunkt gemacht haben und deren Gedanken um nichts anderes kreisen.

Da wird keine Übung, kein Unterricht, und erst recht kein Kameradschaftsabend verpasst. Der Lieblingsfilm heißt *Backdraft – Männer die durchs Feuer gehen*. Die letzten beiden Wohnungsumzüge, wohlgemerkt im selben Ort, erfolgten nur, um näher am Gerätehaus zu wohnen, und der Urlaub wird damit verbracht, in Südeuropa Waldbrände zu löschen. Wenn es ganz schlimm kommt, werden selbst Ehefrau, Kinder und Kindeskinder dazu verdonnert, die einschlägigen Feuerwehrdienstvorschriften auswendig zu lernen.

Dieses suchtartige Verhalten, das vielleicht etwas schräg und verschroben anmutet, und von dem fast alle Kollegen sagen werden: »Ja … man kann auch alles übertreiben«, dieses Verhalten ist weiter verbreitet, als man denkt.

Wenn man sieht, dass erwachsene Männer vollkommen verzückt die Kindersendung *Grisu* anschauen, wenn man Zeuge wird, wie dieselben Männer an ihrem T-Shirt riechen, um noch einmal genussvoll den Brandrauch des letzten Feuers zu schnuppern, dann weiß man, dass die Feuerwehr mehr ist als bloßer Zeitvertreib oder reiner Gelderwerb.

Ich selbst betrachte mich nicht als Feuerwehrjunkie, aber spätestens nach drei Wochen Urlaub stelle auch ich erste Entzugserscheinungen fest. Es sind Äußerungen meiner Lebensgefährtin, die mich aufmerksam werden lassen. »Du bist unentspannt! Es wird Zeit, dass du wieder arbeiten gehst«, sagt sie dann, und sie hat recht.

Wenn ich darüber nachdenke, vermisse ich meine Kollegen; ich vermisse den Geruch der Wache; ich vermisse den Gong, der mich nachts aus dem Schlaf reißt; ich vermisse das Gefühl, nicht zu wissen, was in den nächsten zwei Stunden geschehen wird. Erzählen Sie das mal einem Arbeiter am Fließband oder einem Beschäftigten einer deutschen Großbank.

GRUND NR. 6

Weil die Feuerwehr ihre eigenen Helden hat

Feuerwehrmänner und Feuerwehrfrauen werden gern als »Helden des Alltags« oder auch als »Helden von heute« bezeichnet. Dieses Kompliment ist schmeichelhaft – und trifft vielleicht sogar zu. Aber auch die Feuerwehr selbst kennt Menschen und Persönlichkeiten, zu denen sie aufschaut und die feuerwehrintern als »Helden« gelten.

Damit sind nicht die Hauptdarsteller gemeint, die in Spielfilmen wagemutig bis unrealistisch gegen das Feuer kämpfen, sondern eher Kollegen und Kameraden, die sich in besonderer Weise um die Feuerwehr verdient gemacht haben. Die allermeisten von ihnen sind und bleiben der Öffentlichkeit unbekannt. Das kann ein Einsatzleiter sein, der durch seine Entscheidungen eine Stadt vor einer größeren Katastrophe bewahrt hat. Das kann auch ein Gönner sein, durch dessen Zutun bessere Ausrüstung angeschafft werden konnte. Das können aber auch Truppmänner sein, die ihre Kameraden aus einer Gefahrensituation gerettet haben. Oder es sind Entscheidungsträger, die die Entwicklung der Feuerwehr ganz allgemein vorangetrieben haben.

Als Letzterer ist in Deutschland ganz bestimmt Ernst Achilles zu nennen, der als Chef der Frankfurter Feuerwehr sowohl als Brandschutzexperte und Sachverständiger als auch als Visionär in Feuerwehrkreisen von sich reden machte.

Der wohl weltweit bekannteste Feuerwehrmann beziehungsweise »Feuerwehrheld« ist wohl Paul Neal Adair, auch bekannt als »Red Adair«, der durch die zum Teil spektakuläre Brandbekämpfung von Gas- und Ölquellenbränden Berühmtheit erlangte.

Aber egal, ob es sich um eine Berühmtheit oder den unbekannten Florian Brand aus Feuerstadt handelt – die Feuerwehr muss nicht nach Helden suchen, die Feuerwehr bringt sie von ganz allein hervor.

GRUND NR. 7

Weil das Martinshorn in Feuerwehrohren manchmal wie Musik klingt

Den Begriff »Martinshorn« sollte ich kurz erläutern. »Martinshorn« ist eigentlich nur die umgangssprachliche Bezeichnung für den zwar korrekten, aber etwas hölzernen Begriff »Folgetonhorn«. Sie werden mir zustimmen, dass dieser Begriff etwas so Kraftvolles und Emotionales wie das Martinshorn nur unzureichend beschreibt.

Nebenbei, der Name »Martinshorn« rührt aus einer Zeit, als derartige Anlagen ausschließlich von einer Firma namens Martin produziert wurden, und hat sich bis heute als Begriff im Alltagsgebrauch gehalten. Heutzutage werden die Tonfolgen in verschiedenen Frequenzen für den Stadt- beziehungsweise Landbetrieb erzeugt. Hauptsächlich kommen dabei Kompressoranlagen mit Trompeten oder elektrische Lösungen mit Lautsprechern zum Einsatz.

»Akustische Warneinrichtung der Sondersignalanlage an Einsatzfahrzeugen« klingt umständlich, ist aber auch nur eine weitere viel zu nüchterne Umschreibung für die sich lautstark wiederholende Tonfolge a'–d".

Das erzeugte Geräusch lässt niemanden wirklich kalt. Passanten lassen ihre Fantasie spielen. Hat es einen Unfall gegeben oder brennt es beim Nachbarn? Brennt es bei mir? Habe ich den Herd ausgeschaltet? Hunde jaulen wie Wölfe in einer Vollmondnacht, Kinder schreien aufgeregt: »Tatütata«, Halbstarke rufen im Takt »Zu spät, zu spät«, Autofahrer werden aufmerksam, halten an, weichen aus oder würgen den Motor ab. Fußgänger halten sich erschrocken die Ohren zu. Mancher empfindet es als unnötigen Lärm und beginnt zu fluchen. »Muss Ihr Blaulicht so laut sein?«, erkundigt sich der ein oder andere vorwurfsvoll. Im Übrigen eine Frage, über die es sich nachzudenken lohnt.

Bei Einsatzkräften steigen durch das Martinshorn auf der Fahrt zur Einsatzstelle die Anspannung und der Adrenalinspiegel. Es kann aber umgekehrt auch beruhigen – Verstärkung ist unterwegs. Dann klingt es wie das Horn der berittenen Kavallerie, die den von wilden Indianern umzingelten Siedlern in ihrer Wagenburg zu Hilfe eilt.

Bei Feuerwehrangehörigen findet man bisweilen noch eine andere Reaktion auf Martinshörner. Stellen Sie sich kurz vor, wie der frisch gebackene Oberbrandmeister Matthias mit seiner angebeteten Brandmeisteranwärterin Beate verliebt Arm in Arm durch das Naherholungsgebiet am Stadtrand in Richtung Sonnenuntergang spaziert. In der Ferne hört man leise die Klänge eines Folgetonhorns. Ein Löschfahrzeug eilt zu einer brennenden Gartenlaube. Matthias drückt seine Beate zärtlich noch ein wenig fester an sich, schaut ihr tief in die Augen, hält einen Moment inne und flüstert dann mit sanfter sonorer Stimme: »Hör mal Schatz – sie spielen unser Lied …«

Weil Feuer auch eine faszinierende Seite hat

Ob nun durch den antiken Prometheus oder durch ein profanes frühzeitliches Gewitter mit anschließendem Waldbrand – wie das Feuer in die Welt kam, spielt eigentlich keine Rolle. Tatsache ist: Es brennt an allen Orten.

Aber was passiert eigentlich, wenn etwas verbrennt? Im Prinzip handelt es sich um die Reaktion zwischen einem brennbaren Stoff

und Sauerstoff. Wissenschaftlich locker betrachtet, ist also auch das Rosten eines Stahlträgers eine Verbrennung, wenn auch eine sehr langsame. Interessanter wird es, wenn die Reaktion etwas schneller verläuft. Dann entwickelt sich unter Umständen so viel Energie, dass diese sogar als Flamme oder Glut sichtbar wird, und genau das ist der springende Punkt. Niemand von uns schaut einem Stahlträger beim Rosten zu, aber fast jeder starrt gebannt und fasziniert auf ein loderndes Lagerfeuer.

Auch wenn Feuer oft mit Zerstörung einhergeht und man es von daher meiden müsste wie der Teufel das Weihwasser, so hat der Mensch sich das Feuer im Laufe seiner Evolution doch zunutze gemacht. Feuer wärmt uns und unsere Wohnungen, es grillt unser Spanferkel, es hilft uns bei der Fortbewegung und beleuchtet unsere Welt. So weit der praktische Teil, aber auch emotionale Aspekte spielen eine große Rolle. Wer von Ihnen hat als Kind nicht mal heimlich gezündelt und sich dabei wie der Größte gefühlt? Für wen ist sanftes Kerzenlicht in der Dunkelheit nicht romantisch, ein prasselndes, flackerndes Kaminfeuer nicht gemütlich? Die Bedeutung des Feuers zeigt sich selbst in unserer Sprache. Für etwas »Feuer und Flamme sein«, für jemanden »die Hand ins Feuer legen«, jemandem »Feuer unterm Hintern machen«, oder »wie Feuer und Wasser sein«, die Zahl der flammenden Redewendungen ist riesig.

Auf den Menschen übte Feuer seit jeher eine fast magische Anziehungskraft aus. Das ist verständlich, schließlich hat es uns über Jahrtausende gewärmt und vor wilden Tieren geschützt, und so ist es auch nicht verwunderlich, dass wir uns bis in die heutige Zeit gern ums Feuer versammeln. Dabei spielt es überhaupt keine Rolle, ob es sich um das Grillfeuer des Nachbarn handelt oder gerade sein gesamtes Einfamilienhaus lichterloh in Flammen steht. Hauptsache, es brennt.

An dieser Stelle kommt so langsam die Feuerwehr ins Spiel. Auch wenn man nach dem bisher Gelesenen mit Pyromanen und ihrer Begeisterung für das Feuer fast schon Mitgefühl zeigen möchte, wird offenes Feuer völlig zu Recht nicht mehr immer und überall akzeptiert. Völlig egal, ob das Feuer nun von einem Brandstifter gelegt wurde oder ob es sich selbstständig aus einer mehr oder weniger geeigneten Feuerstelle befreit hat, es muss gelöscht werden. Die unkontrollierte Ausbreitung von Feuer ist einfach zu gefährlich. Fragen Sie mal die Bewohner des alten Rom, die vom 19. bis 26. Juli 64 nach Christus zu Hause waren.

Feuer ist leidenschaftlich, es hat Kraft, Dynamik und unbändige Energie, es ist aber auch rücksichtslos und unerbittlich, es zerstört und fasziniert zugleich. Immer und bei jeder Gelegenheit fordert es Respekt, und nur wer Respekt vor dem Feuer hat, wird es auch überleben. Ein Kollege sagte einmal: »Feuer – das ist eine schreckliche Schönheit.« Besser kann man es wohl kaum beschreiben.

KAPITEL 2

DAS 112-UNIVERSUM

Weil 24-Stunden-Dienst eine feine Sache ist

Was für viele Menschen grausam klingt, ist in Wahrheit ein Segen. Fragen Sie doch mal in Feuerwehrkreisen, wie viele Kollegen den 24-Stunden-Schichtdienst aufgeben wollen. Ich behaupte hier, ohne es beweisen zu können: Nicht mehr als fünf Prozent der Wehrleute würden sich für eine Abschaffung des genannten Schichtmodells aussprechen.

Warum das so ist? Ein weit verbreitetes Klischee besagt, dass alle Feuerwehrleute Nebenjobs haben, und diese mit besagtem 24-Stunden-Dienst gut zu organisieren sind; schließlich arbeitet man in einem solchen Modell nur an acht bis zehn Tagen im Monat. Seien Sie versichert: Das ist nicht der wahre Grund. Obwohl nebenberufliche Tätigkeiten selbstverständlich legitim sind – es sind andere Gründe, die die Arbeit im 24-Stunden-Rhythmus wirklich attraktiv machen.

Denken Sie mal über den tatsächlichen Freizeitwert nach. Freizeit ist nicht gleich Freizeit! Besuchen Sie doch mal samstagabends die Sauna oder das Spaßbad oder den Zoo am Sonntagnachmittag bei schönem Wetter – Menschen über Menschen! Wenn Sie halbwegs bei Verstand sind, dann wollen Sie da nicht hin! Sie wollen der Menschenmasse entfliehen. Sie wollen weg! Sie wollen während des kostenpflichtigen Schwitzens Ihr Handtuch nicht mit mindestens zwei Unbekannten teilen. Sie legen keinen Wert darauf, plärrende Gören in Begleitung ihrer alternativ angehauchten, antiautoritären Eltern im Nichtschwimmerbereich kennenzulernen. Mitnichten wollen Sie in der engen, lauten Menge stehen, die versucht, einen Blick auf den seltenen Sumatratigernachwuchs zu ergattern.

Ja, dann gehen Sie doch einfach montagabends in die Sauna oder dienstags nachmittags in den Zoo. Ach, Sie müssen dann arbeiten, wie alle anderen auch?! Dann kommen Sie doch zur Feuerwehr! Da ist Ihre Freizeit einfach besser verteilt.

Natürlich will ich kleine Nachteile nicht verhehlen. Es kann vorkommen, dass Sie mal an Silvester ran müssen oder am Heiligen Abend. Die Erwartungshaltung der Gesellschaft setzt voraus, dass auch an solchen Tagen der gewohnte Brandschutz zur Verfügung steht. Aber seien wir mal ehrlich: Wie viele von uns würden an Weihnachten nicht gern arbeiten. Erstens gibt es Feiertagszuschläge, und zweitens entkommt man der buckligen Verwandtschaft.

Ein weiterer großer Vorteil des 24-Stunden-Diensts ist das Verhältnis zu den Kollegen. Der Satz »Wer Kollegen hat, braucht keine Feinde« ist zwar auch in Feuerwehrkreisen zu hören, und mit Sicherheit ist nicht alles Gold, was glänzt. Aber dennoch ist das Miteinander ein besonderes. Wer zusammen kocht, zusammen Sport treibt oder sogar im selben Zimmer schläft, der kennt sich. Wenn man dann noch gemeinsam durchs Feuer geht – dann sind die Menschen, die einen umgeben, schnell mehr als nur Kollegen. Eine Grundlage für dieses besondere Gemeinschaftsgefühl ist die lange Zeit, die man am Stück miteinander verbringt. Gepriesen sei der 24-Stunden-Dienst. Ohne ihn wäre die besondere Kameradschaft bei der Feuerwehr undenkbar, und ohne Kameradschaft wäre die Feuerwehr undenkbar. Ein hohes Gut, das es zu schützen gilt!

GRUND NR. 10

Weil die Ausbildung eine wirklich spannende Zeit ist

Aller Anfang ist schwer, aber wie schrieb Hermann Hesse in seinem Gedicht *Stufen* so schön: »Und jedem Anfang wohnt ein Zauber inne, der uns beschützt, und der uns hilft zu leben.«

Wenn ich an meine ersten Stunden bei der Berufsfeuerwehr zurückdenke, läuft es mir noch heute kalt den Rücken herunter. Am ersten Tag betrat unser zukünftiger Ausbilder den Raum, musterte uns, schwieg dann eine Weile und begrüßte uns schließlich mit den

Worten: »Guten Tag, meine Herren. Machen Sie sich mit dem Gedanken vertraut, dass Sie ab heute einer paramilitärischen Einheit angehören!« Hatte ich richtig gehört? Paramilitärische Einheit? Ein Kloß machte sich in meinem Hals breit. War ich der Bundeswehr entronnen und hatte Zivildienst geleistet, um jetzt doch noch einem verkappten »Drill-Instructor« im Feuerwehrkostüm zum Opfer zu fallen? Ich hatte durchaus Sorge.

Ganz so schlimm kam es aber nicht. Der besagte Ausbilder verlebte seine letzten Feuerwehrtage und wurde vier Wochen später pensioniert. Aber in diesem ersten Monat meines Feuerwehrlebens habe ich mich des Öfteren gefragt, ob ich die richtige Entscheidung getroffen hatte oder ob ich bei der Feuerwehr nicht doch fehl am Platz war.

Unser Lehrgang bestand damals ausschließlich aus Jungs. Alles Kerle mit Eiern, von denen die meisten – durch die freiwillige Feuerwehr – schon über eine gewisse Vorbildung verfügten. In den ersten Tagen verstand ich nicht das Geringste, wenn diese Jungs sich unterhielten. LF, ATr, oder FwDV – alles Fremdworte. Die erste Aufgabe bestand also darin, eine völlig neue Sprache zu lernen, die mit meiner Muttersprache nur wenig zu tun hatte.

Die Ausbildung nahm ihren Lauf. Neben ersten praktischen Übungen, die zum Ziel hatten, sich mit der feuerwehrtechnischen Ausrüstung möglichst nicht selbst zu verletzen, stand auch nicht erwartete Theorie auf dem Stundenplan. Chemie, Physik, Staatsbürgerkunde oder Ortskunde, um nur einige Fächer des Lernzielkatalogs aufzuzählen, mit denen ich nicht gerechnet hatte.

Vor der Ausbildung bei einer Berufsfeuerwehr bereits Mitglied in einer freiwilligen Feuerwehr gewesen zu sein, hat übrigens nicht nur Vorteile. Zwar verfügt man schon über eine Menge Fach- und Hintergrundwissen, aber die Latte liegt von Anfang an auch wesentlich höher. »Das wissen Sie also auch nicht!«, war der demoralisierende Lieblingssatz eines Ausbilders, wenn ein freiwilliger Kollege etwas nicht wusste. Als blutigem Anfänger wurde einem die

Wissenslücke eher verziehen, da hieß es dann eher: »Woher sollen Sie es auch wissen! Aber denken Sie immer daran: Alles, was Sie wissen, das wissen Sie von mir!«

Im Nachhinein muss ich sagen: Damals wusste ich wahrscheinlich wirklich nicht viel mehr, als dass die Feuerwehr große rote Autos fährt, die blaue Lampen auf dem Dach haben. Vor allem wusste ich nicht wirklich, was mich in der Ausbildung noch alles erwarten würde.

Zum Beispiel das »Hofballett«. »Hofballett« war die schöne Umschreibung für das Einüben eines geordneten Löschangriffs: »Angriffstrupp, zur Brandbekämpfung, mit erstem C-Rohr, ins zweite Obergeschoss über die vierteilige Steckleiter vor!«, dröhnte es aus einem Ausbilder, und nach kurzer Wiederholung des Befehls startete die Choreografie von Angriffs-, Schlauch- und Wassertrupp. Auch wenn man es auf den ersten Blick nicht glaubt: Feuerwehr hat viel mit Ballett gemeinsam. Zwar beherrschen die wenigsten Kollegen eine Arabesque, aber jeder kennt Konzentration, Disziplin und Übung. Okay, okay, die Feuerwehr trägt anderes Schuhwerk.

Arbeiten unter Chemikalienschutzanzügen, Leitersteigen, Umgang mit Kettensägen und anderem schweren Werkzeug, meine erste Wärmegewöhnung – wie heiß wird es eigentlich im Feuer … Mein erstes Feuer in einem sogenannten »Brandhaus«. Alles extrem spannende Dinge innerhalb der Ausbildung, die sehr viel Spaß gemacht haben und von denen ich vorher keine Ahnung hatte. Das Lernen in der Gruppe hat das Übrige dazugetan, es hat einen besonderen Teamgeist geschaffen. Jeder hat geholfen, war aber während der Ausbildung irgendwann auch auf die Hilfe der Gruppe angewiesen – eine wichtige Erfahrung, nicht nur für die Arbeit bei der Feuerwehr.

Dann die Steigerung des Ganzen, das erste Praktikum auf der Wache, als kleiner Brandmeisteranwärter unter gestandenen Kollegen. Dienstzeit 24 Stunden, wie übersteht man die? Wie besiegt man seine Nervosität? Ausbildung und Praxis sind manchmal Zweierlei.

Wird mir alles gelingen? Dann kam der erste Alarm, ich rüstete mich aus, legte hektisch den Atemschutz an, während alle anderen Wehrmänner im Auto vollkommen entspannt neben mir saßen. »Langsam, mein Junge, die Anfahrt dauert mindesten zehn Minuten, du hast alle Zeit der Welt, dich auszurüsten«, beruhigte mich ein alter Hauptmeister, den alle nur »Bär« nannten. Wir haben den Einsatz abgebrochen, andere waren vor uns da und brauchten keine weitere Unterstützung. Zurück auf der Wache klopfte das Herz immer noch. »Wie heißt du eigentlich mit Vornamen?«, fragte »Bär« fordernd. »Jörg« antwortete ich kleinlaut. »Was für ein beschissener Name!«, antwortete er, drehte sich um und ließ mich stehen.

Die Nacht brach herein, alles wurde noch schlimmer, die Angst, einen Alarm zu verschlafen, war übermächtig, halb angezogen schlich ich in Stiefeln durch die Fahrzeughalle. Immer in der Hoffnung, dass mich niemand bemerken und ich mich nicht bis auf die Knochen blamiere würde. Die Nacht blieb ruhig. Die kleinen Augen am Frühstückstisch verrieten mich trotzdem. »Bär« kam wieder auf mich zu, ich dachte schon: Was kommt jetzt noch? Aber diesmal baute er mich auf. »Das blöde Gefühl in den ersten Schichten kann dir keiner nehmen, da musst du durch! Fahr nach Hause und geh schlafen«, sagt er fast beiläufig, bevor er selbst Feierabend machte. Er hieß übrigens auch Jörg, aber das erfuhr ich erst Tage später.

Die Ausbildung war eine ganz wunderbare Zeit. Manchmal unbequem, aber immer lehrreich und ereignisreich mit einem Hauch von Abenteuer. Ich möchte keine Minute davon missen.

Weil ich gern als Beamter bei der Feuerwehr arbeite

Es klingt komisch, aber als Beamter besitze ich nicht einmal einen richtigen Arbeitsvertrag. Rechtliche Basis meines beruflichen Handels sind diverse Gesetze, Verordnungen und Erlässe.

Wenn man mich fragt, wie ich zur Feuerwehr gekommen bin, sage ich gern scherzhaft, dass ich in Hamburg einen über den Durst getrunken habe und in einem Klassenzimmer der Feuerwehrschule meiner Stadt mit Kopfschmerzen aufgewacht bin – auf diese Weise wurden früher übrigens Seeleute unfreiwillig angeheuert, wenn die Mannschaftszahl zu klein war. Einmal auf See, ist Zurücklaufen schwierig. So ähnlich ist es auch im Beamtentum: Einmal verbeamtet, und es gibt so schnell kein Zurück mehr. Man wird vereidigt, ernannt, bekommt eine Urkunde, und fertig ist der Beamte.

Zwischen Beamten sollte man allerdings ein wenig differenzieren. Mit den folgenden Ausführungen werde ich mir natürlich nicht nur Freunde verschaffen. Auch mir ist schon bei dem einen oder anderen durch Beamte veranlassten Verwaltungsakt das ein oder andere Vorurteil durch den Kopf geschossen.

Das häufigste Vorurteil ist wohl, dass Beamte keine Steuern zahlen, bestens krankenversichert sind und auch noch jede Menge Geld verdienen. Die Wirklichkeit sieht leider anders aus. Steuern zahle ich wie jeder andere auch, über den staatlichen Anteil meiner Krankenversicherung will ich hier nicht sprechen, die ersten 250 Euro im Jahr übernehme ich übrigens schon mal selbst, und Urlaubs- und Weihnachtsgeld gibt es, wenn überhaupt, nur in stark gekürzter Form. Diese finanziellen Einschnitte existieren bereits seit einigen Jahren. Es sagt nur keiner laut. Stattdessen heißt es am Stammtisch: »Ja ja, den Beamten geht's gut. Beamter müsste man sein.« Den Beamten geht es sicherlich nicht schlecht, aber warum sollte es das auch? Schließlich leisten sie auch eine ganze Menge für eine funktionierende Gesellschaft.

Mit den Unterschieden zwischen den Beamten war ich aber noch nicht ganz fertig. Da gibt es zunächst die verschiedenen Laufbahnen: mittlerer Dienst, gehobener Dienst und, quasi die kleine Spitze der Pyramide, höherer Dienst. Dann gibt es den klassischen Verwaltungsbeamten, und um endlich den Bogen zur Feuerwehr zu schlagen, den technischen Beamten. Meine korrekte Berufsbezeichnung lautet – nur mal nebenbei erwähnt – Hauptbrandmeister im mittleren feuerwehrtechnischen Dienst.

Warum werden Feuerwehrangehörige eigentlich verbeamtet? Nun, der Grund ist relativ einfach: Es geht schließlich um die Erledigung hoheitlicher Aufgaben. Die Feuerwehr muss manchmal Dinge tun, für die unser Staat ganz bewusst hohe Hürden geschaffen hat. Die Feuerwehr darf, falls notwendig, elementare Grundrechte einschränken. Dazu gehören zum Beispiel die Unverletzlichkeit der Wohnung oder die Freiheit der Person, und die Beschneidung derartiger Grundrechte sollte eigentlich nur jemand ausführen dürfen, dessen Führungszeugnis schon mal gründlich überprüft wurde.

Der Grund, warum ich froh bin, als Staatsdiener bei der Feuerwehr beschäftigt zu sein, ist einfach. Es ist das Gefühl der beruflichen Geborgenheit. Nach einer Probezeit erfolgt irgendwann die Ernennung zum Beamten auf Lebenszeit. Man ist quasi unkündbar. Anschließend muss man schon goldene Löffel klauen, um unfreiwillig aus dem Staatsdienst entfernt zu werden. Sicher: Einen Angestellten oder Arbeiter mit 20-jähriger Betriebszugehörigkeit entlässt man auch mal nicht eben so, aber ausreichend viele Beispiele aus der privaten Wirtschaft zeigen, dass manches angeblich krisensichere Unternehmen trotzdem wie vom Erdboden verschwunden ist oder die Produktion ins Ausland verlagert wurde. Die Feuerwehr – da bin ich mir ziemlich sicher – wird es auch in 30 Jahren noch geben. Bei dem einen oder anderen DAX-Konzern würde ich diese Prognose nicht wagen.

Dieses Sicherheitsgefühl im Job ist mit Geld kaum zu bezahlen. Ich habe mir in den vergangenen 15 Jahren nicht an einem einzigen Tag Sorgen machen müssen, ob ich nächste Woche, nächsten Monat oder nächstes Jahr noch einen Job habe. Als Beamter bei der Feuerwehr wird man wahrscheinlich nicht reich – aber vielleicht glücklich.

GRUND NR. 12

Weil man sich innerhalb der Feuerwehr auch mal verändern kann (Teil 1)

Viele Menschen stellen im Laufe ihres Berufslebens fest, dass sie womöglich nicht die richtige Wahl getroffen haben. Es ist schließlich auch nicht einfach, als junger Mensch, noch etwas grün hinter den Ohren, Entscheidungen zu treffen, die den Rest des Lebens beeinflussen werden. Der Tragweite seines Handelns ist man sich im Alter zwischen 16 und 20 Jahren in den wenigsten Fällen bewusst. Oft spielen auch Einflüsse von außen eine gravierende Rolle. Vielleicht wurde bei der Berufswahl auch nur dem Wunsch der Eltern entsprochen. »Der Junge geht zur Post, da kann ihm nichts passieren, basta!«, entscheidet die resolute Mutti. Vielleicht wurde bei der Suche auch ein bequemer Arbeitsplatz bevorzugt, der zwar nur zwei Kilometer vom »Hotel Mama« entfernt liegt, dafür aber keine Zukunft bietet.

Da sitzt man dann als Verwaltungsfachangestellter im Büro, obwohl man Verwaltungstätigkeiten verabscheut und nicht mal in der Lage ist, die eigenen Akten zu Hause vernünftig zu sortieren. Oder man ergreift trotz der zwei linken Hände, mit denen der liebe Gott einen gesegnet hat, das Schreinerhandwerk. Dass man im Laufe eines langen Arbeitslebens höchstwahrscheinlich den ein oder anderen Finger einbüßen wird, ist dann wohl Schicksal.

Aber selbst wenn man zunächst die richtige Entscheidung getroffen hat und im erlernten Beruf glücklich ist – Interessen können sich im Verlauf des Lebens verändern. Viele Menschen scheuen dann einen Neuanfang, der natürlich auch mit Risiken verbunden sein kann. Schön ist es, wenn man dann einen Arbeitgeber hat, der vielfältige Möglichkeiten der Veränderung bietet, ohne dass man gleich das ganze Leben umkrempeln muss.

Zu Lande, zu Wasser und in der Luft – dieses Motto würde zwar auch zu den Waffengattungen der Bundeswehr passen, eigentlich war es aber der Titel einer lustigen, positiv bekloppten Fernsehshow, der zufälligerweise auch die Einsatzbereiche der Feuerwehr passend beschreibt. Es gibt wohl keine andere Profession, in der man sein berufliches Chamäleon so ausleben darf wie bei der Feuerwehr. Die Vielfalt der möglichen Aus- und Fortbildungen ist fast grenzenlos.

Klar: Feuer zu löschen wird immer ein Teil des Aufgabengebiets bleiben, aber seinen persönlichen Schwerpunkt kann man je nach Neigung auch anders gestalten.

Ob man als Feuerwehrtaucher auf die Suche nach vermissten Schwimmern geht oder Autowracks aus Flüssen und Baggerseen bergen darf, nachdem schizophrene Navigationsgeräte den Fahrer samt Ladung dort hineingelotst haben; ob man als Höhenretter verkappte Alpinisten aus dem Klettergarten abseilt oder übermütige und gleichzeitig absturzgefährdete Handwerker retten soll – viele verschiedene Spezialisierungen sind möglich.

Das Universum der Ausbildungen reicht vom Kapitänspatent für das Löschboot über den Spezialisten für technische Rettung bis hin zum »Copiloten«, beziehungsweise korrekt formuliert: Besatzungsmitglied eines Rettungshubschraubers. Natürlich kann nicht jede Feuerwehr alle Varianten anbieten, die Feuerwehr Paderborn braucht in Ermangelung eines Löschbootes nun mal keine Kapitäne, trotzdem kann man ohne Weiteres behaupten, dass alle Feuerwehren vielfältige Möglichkeiten zur eigenen Entfaltung anbieten. Wenn man für sich selbst feststellt, dass die Idee mit dem Rettungstaucher nicht die beste war, ist das kein beruflicher Absturz. Als Höhenretter kann man immer noch hoch hinaus, und das, ohne zwingend den Beruf oder die Firma zu wechseln. Flexibel soll man heute im Berufsleben sein. Schön, wenn es auch der Arbeitgeber ist.

Weil ein Bürojob mich umbringen würde

Es heißt ja immer, der Beruf des Feuerwehrmanns sei gefährlich und drei Mal am Tag Lebensgefahr angesagt. Sicherlich – es gibt solche Tage. Was mich aber hundertprozentig nach kurzer Zeit ins Grab bringen würde, wäre ein Job, der sich ausschließlich im Büro abspielt.

Fünf Jahre habe ich in einer Ausbildungsabteilung der Feuerwehr gearbeitet, ich kann also beurteilen, was es heißt, Pickel am Hintern und Schrunden an den Ellbogen zu kriegen. Das Einzige, was mich in dieser Zeit am Leben gehalten hat, waren zwei bis drei Alarmdienste pro Monat, die mir wenigstens das Gefühl gaben, noch ein wirklicher Feuerwehrmann zu sein.

Natürlich gab es auch Aspekte in der Ausbildungsabteilung, die mir Spaß gemacht haben: Unterrichtserteilung und praktische Ausbildungen zum Beispiel, aber leider standen geisttötende Verwaltungsaufgaben meist im Vordergrund. Die Tatsache, dass die Akte eines Lehrgangsteilnehmers zu Beginn meiner dortigen Tätigkeit durchschnittlich 20 Seiten stark war, zum Ende aber schon in Zentimetern zu messen war, finde ich bezeichnend. Aber nicht nur eine zunehmende Dokumentationswut, sondern auch die monoton wiederkehrenden Arbeiten und Abläufe zehrten an meinen Nerven. Im letzten halben Jahr habe ich mich sogar dabei erwischt, dass ich in jedem Lehrgang die gleichen Witze erzählt habe. Fürchterlich.

Nein, ich persönlich, und der Feuerwehrmann als solches sowieso, gehört in den Wind, in den Regen, in die Sonne, nach draußen, in die Natur – nur mit dem Unterschied, dass wir uns nicht über den Regenbogen, den Sonnenschein oder den Duft jungen Jasmins freuen, bei uns sind es Feuerschein und Brandgeruch, die uns glücklich machen. Brandgeruch sollte für meine Begriffe sogar als Deodorant erhältlich sein, aber ich sehe ein, dass die Käuferschicht doch sehr übersichtlich wäre.

Ins Büro kriegen mich in diesem Leben keine zehn Pferde mehr. Was ich in der Vergangenheit verbrochen habe, weiß ich nicht – aber meine Strafe, fünf Jahre ohne Bewährung, habe ich bereits abgesessen.

GRUND NR. 14

Weil es bei der Feuerwehr gute Beförderungsmöglichkeiten gibt

Nein, es geht diesmal nicht um Jobtickets oder darum, von A nach B zu gelangen, sondern um die Möglichkeiten, sich beruflich zu verbessern. Hierzu bedarf es einer kurzen Erläuterung.

Feuerwehrbeamte, und in geringem Umfang auch Angestellte, tragen einen sogenannten Dienstrang, der klarmacht, wo in der Hackordnung sich der Einzelne einzuordnen hat. Diese Dienstränge sind unterteilt in drei verschiedene Laufbahnen. Die Bezeichnungen lauten: mittlerer Dienst, gehobener Dienst und höherer Dienst, oder anders formuliert: arbeitendes Volk, mittleres Management und Vorstand.

Das Schöne ist: Man kann sich tatsächlich von ganz unten nach ganz oben hocharbeiten, und das nicht nur theoretisch, sondern auch ganz praktisch. Natürlich flutscht man nicht mal eben vom mittleren in den gehobenen Dienst. Dafür sind eine ganze Reihe anspruchsvoller und langwieriger Lehrgänge notwendig. Für den höheren Dienst sollte man nebenbei sogar noch ein Hochschulstudium absolvieren, aber nichts ist unmöglich, und mein eigener Abteilungsleiter hat es vom Brandmeister zum Branddirektor gebracht – Respekt.

»Branddirektor« klingt skurril, oder? Die Feuerwehr hat eh merkwürdige Bezeichnungen für ihre Dienstränge. So merkwürdig, dass sie hier einmal ohne Anspruch auf Vollzähligkeit in hierarchischer Reihenfolge genannt werden sollen:

- Brandmeisteranwärter
- Brandmeister
- Oberbrandmeister
- Hauptbrandmeister
- Brandinspektor
- Brandoberinspektor
- Brandamtmann
- Brandamtsrat
- Brandoberamtsrat
- Brandrat
- Brandoberrat
- Branddirektor
- Leitender Branddirektor
- Direktor der Feuerwehr

Wer also einen schicken Titel braucht, sollte Mitglied der Feuerwehr werden. Dann braucht man auch keinen unseriös erworbenen Doktortitel oder hanebüchene Adelsbezeichnung.

Nicht jeder Beruf bietet die Möglichkeit der ständigen Weiterentwicklung und der Befriedigung des eigenen Ehrgeizes. Nach Kellner kommt Oberkellner, danach ist meines Wissens Schluss. Ob man die Möglichkeiten nutzt und wie weit man die Karriereleiter nach oben steigen will, muss jeder für sich selbst entscheiden.

Als Hauptbrandmeister haderte ich vor einiger Zeit mit mir, ob ich den Aufstieg in den gehoben Dienst anstreben sollte, schließlich gibt es auch Unwägbarkeiten, und dieser Schritt will wohlüberlegt sein. Ein alter Kollege hat mir mit folgendem Rat bei der Entscheidung geholfen: »Kein Stamm hat nur Häuptlinge – es muss auch gute Indianer geben.«

Weil mittlerweile auch Frauen mitspielen dürfen

Als Kinder haben meine Freunde und ich beim Cowboy-und-Indianer-Spiel zunächst auch keine Mädchen mitspielen lassen. Aber spätestens nachdem wir den Film *Winnetou und das Halbblut Apanatschi* gesehen hatten, war uns klar, dass unser kindlicher Chauvinismus vom Lauf der Zeit eingeholt werden würde.

So ähnlich ist es der Feuerwehr in den letzten 20 bis 30 Jahren auch ergangen. Feuerwehr war strikte Männersache. Frauen unter dem Helm? Ein Unding. Hut ab vor den Frauen, die als Erste in diese Männerdomäne eingebrochen sind. Es war ein langsamer Prozess, der viel Geduld und Beharrlichkeit erfordert hat und während dem sicher so manche Diskriminierung ertragen werden musste.

Aber der Lauf der Zeit ist Gott sei Dank nicht aufzuhalten, und so stieg der prozentuale Anteil der Frauen in der freiwilligen Feuerwehr von unter ein Prozent im Jahr 1973 auf über fünf Prozent im Jahr 2000, Tendenz seitdem weiter stetig steigend. Frauen sind eben nicht zu schwach, sie sind höchstens zu schwach vertreten.

Von diesen ermutigenden Zahlen sind die Berufsfeuerwehren allerdings noch meilenweit entfernt. Nach wie vor wird die Arbeit bei der Feuerwehr Frauen aufgrund der körperlichen Belastung nicht zugetraut. An dieser Stelle mal ein paar Beispiele aus dem Alltag einer Hausfrau und Mutter, die an diesem Vorurteil rütteln: Eine Motorkettensäge wiegt zehn Kilogramm. Das tut ein einjähriges Kind auch, und manche Mutter hat den kleinen Hosenscheißer stundenlang auf dem Arm. Ein Kasten Mineralwasser wiegt circa 17 Kilogramm, ein Pressluftatmer wiegt auch nicht mehr und hat sogar noch Gurte, um ihn halbwegs bequem auf dem Rücken zu tragen. Ein Feuerlöscher ist auch nicht schwerer als ein Wäschekorb. Und so weiter, und so weiter, die Liste wäre beliebig zu verlängern.

So wie nicht jeder Mann durch sein Geschlechtsteil automatisch für die Feuerwehr qualifiziert ist, so kann natürlich auch nicht jede Frau mit Axt und Strahlrohr umgehen. Die Daniela Katzenbergers, Gina-Lisa Lohfinks und Micaela Schäfers dieser Welt mögen bitte in ihrem Trash-Paralleluniversum bleiben, bei der Feuerwehr taugen diese Damen höchstens als Helmhalter.

Wer als Frau ein Vermögen in seine Fingernägel investiert hat, den eigenen Schweiß für unnatürlich hält und die Schutzkleidung als zu wenig figurbetonend empfindet, hat bei der Feuerwehr ganz einfach nichts verloren. Eine gewisse körperliche Kraft und Fitness muss vorausgesetzt werden. Wer beim Tragen eines B-Schlauchs

zusammenbricht, ist trotz aller Motivation leider nicht geeignet. Dies gilt allerdings genauso für die Jungs mit den Klavierspielerhänden, die sich früher schon über das Gewicht der Schultüte beschwert haben.

Man darf allerdings auch die Frage stellen, ob Frauen in jeder Position auf dem Löschzug eingesetzt werden müssen. Die oftmals körperliche Unterlegenheit Männern gegenüber machen Frauen auf anderen Gebieten mehr als wett. Frauen können mehrere Dinge gleichzeitig, zum Beispiel: Telefonieren, Notizen machen und Anweisungen geben – ideal für die Arbeit in der Leitstelle. Frauen sind hervorragende Einsatzleiterinnen, es muss nicht jeder oder jede ständig im körperlich anstrengenden Angriffstrupp sein.

Die Zeiten haben sich geändert. Auch bei den Berufsfeuerwehren sind die ersten Frauen in allen möglichen Abteilungen erfolgreich angekommen. Sicher: Sie gehören immer noch an den Herd – mittlerweile aber an den Brandherd.

GRUND NR. 16

Weil die Feuerwehren gigantisches Human Capital besitzen

Hier und da muss ein kleiner Anglizismus auch mal erlaubt sein. In einer Welt, die sich in den letzten Jahren hauptsächlich durch unschöne Begriffe aus der Finanzmathematik, wie »negative Rendite« oder »Schuldenkrise« definiert hat, ist es doch tröstlich, dass der Mensch zumindest noch als Kapital angesehen werden kann. Folgerichtig hat der Begriff »Human Capital« wenig mit dem Geld der Menschen, sondern vielmehr mit ihren Fähigkeiten zu tun.

Auch wenn der Begriff in der Vergangenheit von Sprachwissenschaftlern immer wieder negativ interpretiert wurde, lässt er sich auch positiv verstehen. Gemeint sind die in den Mitarbeitern eines

Betriebes oder Unternehmens verkörperten individuellen Fähigkeiten, ihr Wissen, ihre Erfahrung, aber auch ihre Motivation und Innovationsfähigkeit. Die Feuerwehren besitzen hier einen unermesslichen Reichtum.

Allein die Vielfalt der Bildungswege und Ausbildungen der Kollegen ist überwältigend. Vom Handwerker bis zum Hochschulabsolventen ist alles vertreten. Eine handwerkliche Ausbildung war und ist Voraussetzung, um eine Ausbildung zum Brandmeister absolvieren zu können. Jede der Feuerwehr dienliche Ausbildung ist willkommen, und so findet man unter den Kollegen vom Dachdecker bis zum Schlosser, Schreiner oder Schneider alles, was keine zwei linken Hände hat.

Pures Gold sind ältere Kollegen, deren Lebens- und Berufserfahrung sowohl für den Wachalltag als auch für das erfolgreiche Abarbeiten der Einsätze unverzichtbar sind. Von wem soll der junge Brandmeister die wirklich wichtigen Dinge lernen? Wann es gefährlich werden kann und wann es Zeit für den Rückzug wird, lernt man besser nicht aus Büchern, sondern von einem erfahrenen Feuerwehrhaudegen.

Welche ganz reale Rendite Human Capital bringen kann, zeigt sich, wenn man die feuerwehrinternen Verbesserungsvorschläge betrachtet. Eine Vielzahl praktischer Lösungsvorschläge für technische Probleme, aber auch optimierte Arbeitsabläufe stammen aus den Köpfen der Kollegen, die damit nicht nur behilflich sind, Kosten einzusparen, sondern auch ihre Motivation und Kreativität unter Beweis stellen.

Oft weiß eine Organisation gar nicht, welche Talente und verborgenen Fähigkeiten in ihren Mitarbeitern schlummern. Ein gutes Beispiel war der Tsunami im Jahr 2004. Das Bedürfnis nach Hilfe war riesig, aber auch das Bedürfnis zu helfen war groß. Daher gab es seinerzeit verschiedene Überlegungen, deutsche Feuerwehrleute im Katastrophengebiet einzusetzen. Ein ausreichender und bereits wirksamer Impfschutz sowie Fremdsprachenkenntnisse waren Voraussetzung, um vor Ort eingesetzt zu werden. Eine Abfrage, wer über welche Impfungen verfügt und wer welche Sprachen spricht, brachte Erstaunliches zutage. Viele Feuerwehrkollegen waren nicht nur gegen alle möglichen Seuchen dieser Welt geimpft, sie waren auch multilingual – und damit meine ich nicht gebrochenes Französisch oder Schulenglisch. Seitdem gibt es solche Abfragen regelmäßig alle paar Jahre. Man hat offensichtlich erkannt, dass es nützlich sein kann, wenn man weiß, wer über welche Fähigkeiten verfügt.

Bildung, Wissen, Erfahrung, Motivation, Kreativität, Innovation, Flexibilität, außergewöhnliche Fähigkeiten – die Feuerwehren verfügen über gewaltiges Kapital. Manchmal hapert es allerdings am Geld …

Weil die Feuerwehr eine Institution mit Geschichte ist

Dass Sie kein Geschichtsbuch im eigentlichen Sinn des Wortes in Händen halten, dürfte schon der Titel dieses Buches hinreichend erklären. Dennoch ist die Historie, die die Feuerwehr besitzt, Grund genug, die Feuerwehr zu lieben. Teil einer gewachsenen und uralten Institution zu sein, erfüllt viele Kollegen zu Recht mit Stolz.

Die Geschichte der Feuerwehr ist zuweilen schwierig nachzuvollziehen. Oft wird Brandschutzgeschichte mit Feuerwehrgeschichte vermischt, und auch wenn irgendein Neandertaler irgendwann, irgendwo sein Grillfeuer ausgepinkelt hat, so sollte man diesen ehrwürdigen Vorfahren nicht mit der ersten freiwilligen Feuerwehr verwechseln.

Man kann sich lange streiten, ob die Ägypter, die Griechen oder die Römer die Feuerwehr erfunden haben. Die frühesten ernst zu nehmenden urkundlichen Erwähnungen betreffen wohl circa 600 bis 700 römische Sklaven, die kurz vor Christi Geburt zum

Brandschutz verdonnert wurden. Sollten Sie irgendeinen Chinesen kennen, der ihrer Meinung nach 1000 Jahre vorher irgendein Haus oder irgendeinen Tempel gelöscht hat, wenden Sie sich bitte vertrauensvoll an Marco Polo oder Konfuzius.

Bereits die Römer sahen ein, dass motivierte Mitarbeiter effizienter sind, und überführten den Brandschutz irgendwann in militärische Hände. Leider kannte man zu dieser Zeit noch keine Schläuche, sodass maßgeblich auf Eimer und nasse Decken oder Tücher zurückgegriffen wurde. Erst die Wirren des Mittelalters brachten die Menschen zu der Erkenntnis, dass es keinen Sinn macht, sich auf die Obrigkeit zu verlassen, was übrigens bis heute absolute Gültigkeit hat. Von dieser Einsicht getrieben organisierten sie erste Gruppen, die sich dem Feuerlöschen widmen sollten. In Zeiten regelmäßiger Stadtbrände ein durchaus nachvollziehbarer Gedanke. Allein Straßburg brannte im 14. Jahrhundert mindestens achtmal nieder, obwohl mittlerweile Zünfte und Innungen am Brandschutz beteiligt waren.

DOCH AM ENDE LÖSCHTEN ALLE NUR MIT WASSER!

Irgendwann zwischen 1300 und 1400 entstanden die ersten Verordnungen den Brandschutz betreffend. Es gab Regeln, wann offenes Licht zu löschen war, und Nachtwächter zogen durch die Straßen – eine ihrer Aufgaben war das Melden von Feuern.

Im 17. Jahrhundert wurde dann der Schlauch erfunden, was wohl zu Recht als eine Revolution im Brandschutz bezeichnet werden darf. In diese Zeit fällt auch die Gründung der ersten Berufsfeuerwehr. Unter den Habsburgern wurde Wien als erste Stadt im Jahre 1686 professionell beschützt. Unglaublich, die Wiener!

Feuerwehren im heutigen Sinne entstanden ungefähr Mitte des 19. Jahrhunderts. Im Februar 1847 präsentierte sich in Durlach bei Karlsruhe erstmals eine Feuerwehr, die außer Verteidigung auch Angriff im Programm hatte. Sogenannte Steiger, übrigens alles ausgebildete Turner, erklommen mit neuartigen Leitern benachbarte Gebäude brennender Häuser und löschten in luftiger Höhe tapfer und heldenhaft. Die älteste deutsche Berufsfeuerwehr wurde jedoch erst am 16. Januar 1851 in Berlin ausgerufen. Als Königlicher Branddirektor befehligte ein gewisser Ludwig Carl Scabell insgesamt über 900 Löschkräfte.

Die nächste große Revolution innerhalb der Feuerwehr bestand in der zunehmenden Technisierung. Aus handbetriebenen Spritzen wurden Pumpen, die von Dampfmaschinen angetrieben wurden. Löscheimer und nasse Schwämme gerieten zunehmend in Vergessenheit. Und heute gibt es zwar inzwischen Löschschaum, Löschpulver und vieles andere mehr, aber die mit Abstand meisten Brände werden immer noch mit Wasser gelöscht.

Die Geschichte der Feuerwehr ist dynamisch, heldenhaft und ehrenvoll. Es sei aber erwähnt, dass es auch dunkle Kapitel gab. Geschichte hat immer zwei Seiten – da ist das, was geschehen ist, und die Beschreibung desjenigen, der Geschichte schreibt. Ob die 600 römischen Sklaven die erste Feuerwehr waren und ob es sich dabei tatsächlich um Brandschutz- oder Feuerwehrgeschichte handelt, weiß ich nicht. Dass mein heutiges Handeln und Wissen aber auf dem Schmerz und dem Schweiß vergangener Generationen gründet, das weiß ich sehr wohl. Und ich weiß, dass ich ihnen dafür sehr dankbar bin.

Weil man sich innerhalb der Feuerwehr auch mal verändern kann (Teil 2)

Ehrlich gesagt: Menschen, die sich nie streiten, sind mir suspekt. Streit kommt schließlich in den besten Familien einmal vor, hat aber in gesunder Form immer auch mit Respekt zu tun. Wenn der verloren geht und der Punkt erreicht ist, wo nur noch ein Gesprächspartner das Ringen um unterschiedliche Standpunkte als Diskussion wahrnimmt, kann es auch schnell kritisch werden.

Bevor die Leidenschaft für den eigenen Standpunkt zu strahlend blauen Augen beim Gegenüber führt, geht man sich besser eine Weile aus dem Weg. Im Arbeitsleben ist dies oft nicht umsetzbar, und so laufen Tausende Menschen jeden Tag mit der Faust in der Tasche zur Arbeit. Die Feuerwehren bieten da Gott sei Dank oft andere Möglichkeiten.

Wenn der Satz »Diese Wache ist zu klein für uns beide!« so oder so ähnlich erst mal gefallen ist, lässt die nächste Versetzung meist nicht mehr lange auf sich warten. Was zunächst unangenehm klingt, hat im Nachhinein oftmals für alle Beteiligten Vorteile. Wir kennen es aus dem Gartenbau – ein Bäumchen möchte einfach keine Früchte tragen, kaum hat man es umgepflanzt, ist der Obstkorb auch schon voll.

Mich selbst ereilte dieses Schicksal während des Zivildienstes. Kleine Missverständnisse hatten dazu geführt, dass der Leiter meiner Wache mangels Personal für mich kleinen Zivi noch mal eine Schicht auf einem gewöhnlichen Krankenwagen verbringen musste.

Der Zacken, der dabei aus der Krone gebrochen war, schien so groß, dass eine vertrauensvolle Zusammenarbeit nicht mehr möglich war. Die lautstarke Verkündung dieser Tatsache brach alle restlichen Brücken der Freundschaft ab, sodass ich zum ersten Tag des Folgemonats Dienst auf einer anderen Wache versehen sollte.

Eine Katastrophe. Bisher hatte mir mein Zivildienst im Rettungsdienst recht gut gefallen, jetzt sollte ich auf eine Wache, wo nur verschriene Kollegen Dienst tun mussten – es schien wie eine Strafversetzung in eine Strafkolonie, quasi das Guantánamo des Rettungsdienstes.

Nach wenigen Wochen musste ich aber feststellen, dass ich statt in der vermeintlichen Hölle im Paradies gelandet war. Menschen, die so dachten wie ich, die aus Mücken keine Elefanten machten und offene und ehrliche Kritik äußerten. Im Nachhinein darf ich mit Gewissheit sagen: Ohne diese Strafversetzung hätte ich niemals meinen Weg zum Rettungsdienst und zur Feuerwehr gefunden. Erst in der Strafkolonie wurde ich wirklich für die Materie begeistert. An dieser Stelle nochmals einen herzlichen Dank an Martin K., Leo W. und Marco P.

Versetzungen müssen nicht immer eine Strafe sein, schließlich kann der Wunsch nach Veränderung auch vom Mitarbeiter selbst ausgehen. Ein Tapetenwechsel ist manchmal sehr sinnvoll, man trifft auf andere Kollegen und andere Menschen bei anderen Einsätzen in einem anderen Wachbezirk, der anders riecht und anders schmeckt. Man sagt ja auch: »Ich brauche dringend mal Luftveränderung!«

Natürlich kann man es sich nicht immer aussuchen, aber wenn man die Wahl hat, kann ich nur jedem Kollegen raten, eine Feuerwehr zur beruflichen Heimat zu machen, die über mehr als eine Wache verfügt. Die Qual der Wahl, welche Wache dann die richtige ist, wird früher oder später zum Segen.

Weil es den vorbeugenden Brandschutz gibt

Der vorbeugende Brandschutz hat wohl schon unzähligen Menschen das Leben gerettet, ohne dass diese auch nur den Hauch einer Ahnung davon hatten.

Die Wahrnehmung des vorbeugenden Brandschutzes in der Öffentlichkeit ist vielleicht nicht so heldenhaft und spektakulär wie die der restlichen Feuerwehr, die mit schweren Löschfahrzeugen, Schläuchen und Feuerwehräxten daherkommt, aber seine Bedeutung und Effizienz ist in den letzten Jahrzehnten stetig gewachsen, wenn auch maßgeblich hinter dem Schreibtisch mit bürokratischen Mitteln gekämpft wird.

Es gibt kaum einen Bereich in unserem Leben, der nicht mittlerweile durch den sogenannten VB berührt wird.

Wenn Sie aus dem Fenster Ihrer Wohnung im fünften Stock schauen, blicken Sie auf eine Aufstellfläche für die Feuerwehr. Auf dem Weg durchs Treppenhaus kommen Sie im Eingangsbereich an einer RWA-Anlage vorbei, einem sogenannten »Rauch-Wärmeabzug«. Den hat ihr Vermieter nicht eingebaut, weil er so ein großer Menschenfreund ist, sondern weil der vorbeugende Brandschutz dies im Rahmen der Baugenehmigung gefordert hat. Haben Sie schon mal an einer Räumungsübung teilgenommen? Vielleicht im Kindergarten oder während Ihrer Schulzeit? Der Bürokomplex, in dem Sie arbeiten, hat ausgeschilderte Fluchtwege und Sammelpunkte. Wer legt eigentlich fest, wie lang so ein Fluchtweg sein darf? Sie ahnen es schon: der vorbeugende Brandschutz. Das Hotel, in dem Sie Urlaub machen, hat eine Brandmeldeanlage und einen Evakuierungsplan. Größe und Art der eingebauten Löschanlagen sucht sich das Hotel auch nicht selbst aus, und spätestens als Bauherr des Hotels werden Sie feststellen, dass ihre architektonisch formvollendeten Baupläne zwar schön sind, aber in manchen Details noch einmal überarbeitet werden müssen – fragen Sie mal die Macher des neuen Hauptstadtflughafens BER.

Der vorbeugende Brandschutz ist mittlerweile eine sehr mächtige Abteilung innerhalb jeder größeren Feuerwehr – und das ist gut so. Gefahren dort zu sehen, wo andere sie nicht einmal ahnen, aus schlechten Erfahrungen und vergangenen Katastrophen zu lernen, um Ähnliches zukünftig zu verhindern, das ist die Aufgabe des VB.

Brandereignisse sind nicht mehr das beherrschende Aufgabenfeld der Feuerwehr, heutzutage dominieren Unfälle und technische Hilfeleistungen. Ein Umstand, der übrigens auch innerhalb der Feuerwehren manchmal zu dem sarkastischen Kommentar führt: »Irgendwann machen wir uns selbst noch überflüssig. Heute ist der vorbeugende Brandschutz eine Abteilung der Feuerwehr – es kommt vielleicht der Tag, da wird es andersherum sein!«

Den Kollegen, die sich tagtäglich mit den Paragrafen der Bauordnung, der Versammlungsstättenverordnung und ähnlich tro-

ckener Literatur auseinandersetzen müssen, gebührt mein höchster Respekt. Sie sind kaum sichtbare Schutzengel des Alltags, die mehr Leben retten, als wir alle denken – schließen Sie sie doch mal in ihr Nachtgebet ein, wenn Sie abends im Bett liegen und verträumt auf den Rauchmelder an Ihrer Schlafzimmerdecke blicken.

GRUND NR. 20

Weil Tierrettung ein Quell der Freude ist (Teil 1)

In vielen Städten gibt es inzwischen Tierrettungswagen. Man kennt sie aus Film, Funk und Fernsehen. War es in manchen Fällen zunächst nur ein medienwirksames Unternehmen, hat sich inzwischen in den meisten Fällen die Ernsthaftigkeit dieser Projekte durchgesetzt.

Tierrettungswagen haben die verschiedensten Organisationen als Träger. Da gibt es private Initiativen, Tierschutzvereine, aber eben auch die Feuerwehr. Die Besatzungen und Ausstattungen sind dabei oft sehr unterschiedlich; manchmal bringt der Tierrettungswagen den Doktor gleich mit, manchmal geht es lediglich um das Transportmittel, das Muschi, Bello und Hansi zum nächsten Tierarzt bringen soll.

Die Feuerwehr setzt zur eigentlichen Tierrettung meist Löschfahrzeuge und ihre Besatzungen ein. Davon gibt es einfach viel mehr, daher sind sie besser auf das Stadtgebiet verteilt, sodass Hilfe schneller vor Ort sein kann. Der eigentliche Tierrettungswagen übernimmt dann die weitere Versorgung und den Transport der animalischen Patienten.

Auch wenn nicht alle Einsätze ein tierisches Happy End finden – die Freude und Dankbarkeit, die unsere meist vierbeinigen oder auch geflügelten Freunde bei den Einsätzen verbreiten, ist oft herzerwärmend und manchmal sogar komisch.

Weil ohne freiwillige Feuerwehr
halb Deutschland brennen würde

Wer entscheidet eigentlich darüber, ob eine freiwillige Feuerwehr oder eine Berufsfeuerwehr sich um den Brandschutz in einem Ort kümmern soll?

Nun, in Deutschland ist es Sache der Bundesländer, festzulegen, wann eine Berufsfeuerwehr eingerichtet werden muss. Meist entscheiden festgelegte Einwohnerzahlen oder besondere Gefahrenpotenziale über die Art und Weise des Brandschutzes. Einige Bundesländer haben für die Einrichtung einer Berufsfeuerwehr eine Grenze von 100.000 Einwohnern festgelegt, allerdings gibt es eine Vielzahl von Ausnahmen und Sonderregelungen. So gibt es größere Städte, die immer noch mit einer ausschließlich freiwilligen Wehr zurechtkommen, und es gibt kleinere Städte, die auch hauptamtliche Feuerwehrmänner und Feuerwehrfrauen beschäftigen und entsprechend als »freiwillige Feuerwehr mit hauptamtlichen Kräften« bezeichnet werden.

Um sich die Dimensionen einmal klarzumachen, hilft ein Blick in die Statistik. Schon klar: »Traue keiner Statistik, die du nicht selbst gefälscht hast!«, aber für einen groben Überblick taugen die Zahlen allemal. Ziemlich genau 105 reine Berufsfeuerwehren mit etwa 30.000 Kräften stehen circa 23.500 freiwilligen Einheiten mit ungefähr 1,1 Millionen ehrenamtlichen Mitgliedern gegenüber.

Natürlich muss nicht für jedes 2.000-Seelen-Nest eine eigene Berufsfeuerwehr Gewehr bei Fuß stehen, aber auch die Bürger in einer kleinen abgelegenen Ortschaft vertrauen auf einen funktionierenden Brandschutz – das Schöne ist: Das können sie auch.

Ein Kellerbrand in Wenighösbach brennt genauso heiß wie ein Kellerbrand in Köln-Mülheim, und ein Wasserschaden in Wusterhausen ist genauso nass wie ein Wasserschaden im Hamburger

Schanzenviertel. Mit anderen Worten: Die freiwillige Feuerwehr in einem bayerischen Dorf oder im tiefsten Brandenburg leistet die gleiche Arbeit wie die Berufsfeuerwehr in einer deutschen Großstadt – wahrscheinlich nicht ganz so häufig, aber in der gleichen Qualität.

Natürlich gibt es Unterschiede zwischen beruflichem und ehrenamtlichem Brandschutz. Die Kollegen der freiwilligen Feuerwehr werden natürlich nicht bezahlt, sie erhalten maximal eine Aufwandsentschädigung. Die Kollegen der freiwilligen Feuerwehr opfern ihre Freizeit für Ausbildung und Einsätze, und das mit hoher Motivation und Professionalität. Die Kollegen der freiwilligen Feuerwehr brauchen auch noch einen verständnisvollen Arbeitgeber, damit sie ihre Arbeitsstelle auch verlassen dürfen, während Ihr Haus brennt oder Ihr Keller vollläuft. Katastrophen ereignen sich ja dummerweise nicht immer nur nach Feierabend.

Dies und vieles mehr nehmen die Kollegen der freiwilligen Feuerwehr in Kauf, um von Teilen der Bevölkerung immer noch als trinkfeste, blaulichtgeile Bande wahrgenommen zu werden. Das Gegenteil ist Fall! Ohne die freiwillige Feuerwehr würden statt einzelner Häuser ganze Straßenzüge und Ortschaften brennen. Die freiwillige Feuerwehr ist im weitaus größten Teil unseres Landes verantwortlich für die technische Hilfe und den Brandschutz, sie ist das Rückgrat der Gefahrenabwehr in Deutschland. Und sie hat verdient, dass man sie auch so wahrnimmt.

GRUND NR. 22

Weil es die Kinder- und Jugendfeuerwehr gibt

Viele Eltern haben die berechtigte Angst, dass aus ihren Kindern lebensunfähige blasse Zombies werden. Diese können zwar problemlos acht Stunden ohne Unterbrechung auf einen Computermonitor oder ein Smartphone starren, haben aber noch nie im Leben einen blauen Fleck gehabt oder beim Spiel ihre Jeanshose versaut.

Mein gut gemeinter Rat ist folgender: Schicken Sie Ihre Brut so früh wie möglich zur Kinder- und Jugendfeuerwehr! Sie schlagen gleich mehrere Fliegen mit einer Klappe! Ihre Kinder werden sinnvoll beschäftigt und Sie haben währenddessen auch mal Zeit für sich. Die Kleinen sind aus dem Haus, wann soll man sonst weiteren Nachwuchs zeugen, der – wie man hört – allerorten dringend gebraucht wird.

Machen Sie sich keine Sorgen, Ihre Jungs und Mädels werden nicht verheizt, natürlich werden Kinder und Jugendliche nicht im Gefahrenbereich eingesetzt, das kommt erst viel später im Feuerwehrleben.

Bei der Kinderfeuerwehr geht es zunächst darum, spielerisch eine Bindung zur Feuerwehr aufzubauen. An den Nachwuchs kann auch die Feuerwehr gar nicht früh genug denken. Für die fleischgewordene Zukunft gibt es dann Ausflüge, Wasserspiele und Nachtwanderungen, quasi kleine Abenteuer, garniert mit etwas Brandschutzerziehung.

In der Jugendfeuerwehr hat das Ganze dann schon mehr mit Feuerwehr zu tun. Zwar wird der Nachwuchs immer noch vom Gefahrenbereich ferngehalten, aber die jüngsten Kollegen lernen bereits den Umgang mit den feuerwehrtechnischen Geräten. Von der Pumpe über den Löschangriff bis zur hydraulischen Schere ist alles dabei, für technisch begeisterte Jugendliche ein wahres Eldorado.

Das wahrscheinlich wichtigste Argument für die Kinder- und Jugendfeuerwehr ist aber die soziale Kompetenz, die hier schon früh erworben werden kann. Ihr Kind lernt, für sich und andere Verantwortung zu übernehmen. Teamgeist, Zusammengehörigkeitsgefühl und Vertrauen bleiben für Ihr Kind keine Fremdworte. Die Kinder- und Jugendfeuerwehr verbindet das Angenehme mit dem Nützlichen, sinnvoll beschäftigte Heranwachsende, die sogar etwas für das Leben lernen. Denken Sie darüber nach, bevor sich

Ihr Kind im Fußballverein die Knochen ruiniert oder per Castingshow Superstar werden möchte.

Weil die Feuerwehr ein Teil der Dorfgemeinschaft ist

Eine Dorfgemeinschaft ist vergleichbar mit einem antiken Mosaik. Manche sind vollständig, andere nicht. Natürlich kann nicht jede 20 Seelen zählende Ansammlung von Menschen über einen Friseur, einen Metzger und zwei Bäcker verfügen, aber auch größere Ortschaften haben damit zu kämpfen, dass die ganz normale Infrastruktur ausstirbt und Dienstleistungen des täglichen Lebens nur noch im weit entfernten Supermarkt erhältlich sind.

Die Feuerwehr konnte sich gegen diesen besonderen Trend der Landflucht bislang erfolgreich wehren. Zum einen mag es daran liegen, dass die Feuerwehr keine Waren verkauft, zum anderen liegt es aber auch daran, dass die Löschgruppe des Ortes im besten Sinne ein Zentrum des Gemeinwesens ist.

Die Feuerwehr in einem Ort ist nicht nur da, wenn es brennt oder der Keller vollgelaufen ist, eine im Dorf verwurzelte Löschgruppe beteiligt sich auch aktiv an vielen anderen Aktivitäten im Ort. Ein Maibaum soll aufgestellt werden. Wer hilft? Die Feuerwehr. Das Martinsfeuer soll brennen. Wer hilft? Die Feuerwehr. Das Dorffest wird organisiert. Wer hilft? Die Feuerwehr. Diese Aufzählung ließe sich beliebig verlängern.

Natürlich gibt es auch andere Vereine, die das Dorfleben mitgestalten und sich sinnvoll einbringen. Auch der Fußball-, Tennis-, und Musikverein sind wichtige Säulen des Miteinanders. Die Feuerwehr ist aber die einzige Truppe, die den Spagat zwischen Feiern, Spaß und Freude auf der einen Seite und Dramatik, Schmerz und Trauer auf der anderen Seite wagt. Mit einer Querflöte kann man nun mal kein Feuer löschen, und mit einem Tennisschläger kann man niemanden aus einem Autowrack befreien. Man kann nur jeder Dorfgemeinschaft gratulieren, die über eine funktionierende Löschgruppe verfügt – und man kann nur hoffen, dass diese auch gehegt und gepflegt wird.

Weil es auch spezialisierte Feuerwehren gibt

Nicht jede Feuerwehr kann mit jedem möglichen Szenario gleich gut umgehen. Es gibt einfach Gefahrenpotenziale, die »normale« Feuerwehren überfordern beziehungsweise unnötig an ihre Grenzen führen.

Aus diesem Grund gibt es Werk- und Betriebsfeuerwehren, die sich darin unterscheiden, dass Werkfeuerwehren vom jeweiligen Regierungspräsidenten gefordert sind – und Betriebsfeuerwehren eben nicht. Betriebsfeuerwehren sind dennoch manchmal sinnvoll. Erstens kann das Vorhandensein einer Betriebsfeuerwehr gegebenenfalls die Versicherungsprämien senken, und zweitens ist etwas nicht unnötig, nur weil es nicht vorgeschrieben ist. Betriebsfeuerwehren findet man in kleineren und mittleren Industriebetrieben, und dort haben sie aufgrund ihres speziellen Wissens über Betriebsabläufe auch ihre Berechtigung. Mannschaftsstärke und Ausrüstung liegen dabei im Ermessen des Betriebes, und genau das ist ein wesentlicher Unterschied zur Werkfeuerwehr.

Werkfeuerwehren werden anhand eines möglichen Gefahrenpotenzials bemessen und müssen nachweisen, dass sie auf spezielle Risiken zeitnah und effizient reagieren können. Große Chemiebetriebe oder Flughäfen sind klassische Beispiele für diese Form der Feuerwehr. Natürlich werden Werkfeuerwehren von den öffentlichen Feuerwehren – wenn notwendig – im Schadensfall unterstützt, aber die Vorhaltung von besonderen Löschfahrzeugen und Löschmitteln liegt zu Recht in der Verantwortung der Werkfeuerwehr. Jeder, der schon einmal eine Flughafenfeuerwehr gesehen hat, wird nachvollziehen können, dass die dort eingesetzten Fahrzeuge nicht zum Repertoire einer gewöhnlichen Feuerwehr gehören.

Werkfeuerwehren unterstützen aber auch die öffentlichen Feuerwehren. Gerade ihr spezielles Fachwissen und auch ihre besondere Ausrüstung können der Schlüssel zum Einsatzerfolg sein.

Wer in Deutschland besondere Risiken verursacht, muss auch dafür sorgen, dass diese Risiken beherrschbar bleiben. Genau diese Aufgabe erfüllen Werk- und Betriebsfeuerwehren. Wer also in der Nachbarschaft eines potenziell gefährlichen Betriebes wohnt, kann trotzdem beruhigt schlafen. Die Kollegen dort wissen, was sie tun.

GRUND NR. 25

Weil die Feuerwehr auch im Rettungsdienst tätig ist

Auch wenn nicht jeder Kollege die Arbeit im Rettungsdienst zu schätzen weiß, die Aufgabe bereichert und vervollständigt die Feuerwehr. Nicht umsonst ist die Erste Hilfe ein wesentlicher Teil jeder Feuerwehrausbildung. Was würde es auch nützen, jemanden aus einer Notlage zu befreien, ihn anschließend aber nicht versorgen zu können?

Gerade bei Großschadenslagen ist es von Vorteil, wenn auch die technischen Retter über eine solide notfallmedizinische Ausbildung verfügen. Ohne derartige Kenntnisse ist es wohl kaum möglich, Verletzungen adäquat einzuschätzen, und außerdem macht es die Retter multifunktional einsetzbar, sodass mutmaßliche Opfer nicht lange auf eine suffiziente Versorgung warten müssen, auch wenn viele Menschen gleichzeitig betroffen sind.

In vielen Städten und Gemeinden ist die Feuerwehr daher neben anderen Organisationen in den Rettungsdienst eingebunden und versorgt mit Notärzten, Rettungsassistenten und Notfallsanitätern vom Herzinfarkt bis hin zum gebrochenen Bein alles, was die Notfallmedizin zu bieten hat.

Das Schöne an der Arbeit im Rettungsdienst ist der direkte Kontakt mit Menschen. Brandbekämpfung und technische Hilfe haben eher eine handwerkliche Komponente, im Rettungsdienst ist auch Empathie gefragt. Sich auf erkrankte und verletzte Menschen einzulassen, ist etwas völlig anderes, als einen brennenden Dachstuhl zu löschen. Beides hat seinen Reiz, aber die Erfahrung, einem Menschen zu helfen, ist direkter und in meinen Augen auch befriedigender. Der Rettungsdienst bietet für diese Erfahrung häufiger Möglichkeiten – es gibt nun mal mehr Herzinfarkte als Dachstuhlbrände.

Am Ende macht es die Mischung aus Brandschutz, technischer Hilfe und Rettungsdienst. Diese Dreifaltigkeit ist es, die den Beruf so abwechslungsreich und interessant macht. Ohne den Rettungsdienst würde mir etwas fehlen.

Weil Dienstsport ein Minimum an Fitness garantiert

Welches Bild haben Sie vor Augen, wenn Sie sich einen Feuerwehrmann vorstellen? Also rein optisch, meine ich. Lassen Sie mich raten: Es ist ein durchtrainierter Haudegen, der vor Heldenmut strotzt, und dessen Physis an einen altgriechischen Athleten erinnert, der gerade einen wilden Ochsen niederringt. Dabei steckt er mit blanker Brust in einer dicken blauen mit reflektierenden Streifen besetzten Latzhose.

In den meisten Fällen haben Sie mit Ihrer Annahme natürlich absolut recht. Man darf davon ausgehen, dass Feuerwehrmänner und -frauen über eine körperliche Verfassung verfügen, die es ihnen ermöglicht, andere Menschen aus einer Notlage zu befreien.

Damit diese körperliche Fitness immer gegeben ist, müssen verschiedene Dinge zusammenkommen. Es gibt kaum einen leistungsfähigen Feuerwehrmann, der nicht auch in seiner Freizeit daran arbeiten würde, stets eine gewisse Fitness beizubehalten. Dennoch gibt es den verpflichtenden Dienstsport, dem sich kein Kollege wirklich entziehen kann, sobald er den Brandschutz beruflich betreibt. Auch die Feuerwehr ist nur ein Spiegel der Gesellschaft, und so ist es nur natürlich, dass hier und da auch Kollegen zu ihrem körperlichen Glück gezwungen werden müssen. Es kommt der Tag, da werden es die vermeintlichen Sportverweigerer danken. Rückenschule zum Beispiel ist eine tägliche halbstündige Übung, die, wie der Name schon sagt, der Stärkung der Rückenmuskulatur dient. Nicht wenige Kollegen erlitten in der Vergangenheit massive Rückenprobleme, zum Beispiel Bandscheibenvorfälle, denen so gegebenenfalls vorgebeugt werden kann. Volkswirtschaftlich eine mehr als sinnvolle Sache.

Damit ist der Dienstsport aber noch nicht am Ende. Auch Mannschaftssport steht auf dem Programm. Natürlich muss man darauf achten, dass Enthusiasmus und Kampfgeist die Verletzungsquote nicht in die Höhe schnellen lassen; schließlich gibt es auch Stimmen, die behaupten, Sport sei lediglich eine Methode, um Krankheiten durch Unfälle zu ersetzen. Aber gerade Sportarten wie Fußball oder Volleyball sind ein geniales Ventil, um auch zwischenmenschliche Spannungen innerhalb der Truppe abzubauen. Hier darf dann auch unabhängig vom Dienstrang mal Dampf abgelassen werden, und so mancher Ärger ist nach einem guten Spiel verflogen. Es empfiehlt sich allerdings, die Sportarten von Zeit zu Zeit zu variieren. Erstens, damit nicht irgendwelche Halbprofis den Rest der Mannschaft dominieren, und zweitens, weil es extrem unterhaltsam sein kann, wenn jeder ab und an Dinge tun muss, die er nicht besonders gut kann. Wie sagte der deutsche Kabarettist Werner Finck so schön:

»Die schwierigste Turnübung ist immer noch, sich selbst auf den Arm zu nehmen.«

Zusammenfassend kann man sagen: Dienstsport bei der Feuerwehr ist manchmal notwendiges Übel, in der Regel aber sinnvoller Spaß an der Freude, oder wollen Sie bei ihrer eigenen Rettung vom Feuerwehrmann gefragt werden, ob Sie ihm mal kurz ihr Asthmaspray ausborgen könnten?

GRUND NR. 27

Weil es bei der Feuerwehr sogar Wettkämpfe gibt

Um eines gleich klarzustellen: Es geht nicht darum, welcher Angriffstrupp das Feuer mit möglichst großem Sachschaden bekämpft oder welche Löschgruppe zum Löschen möglichst viel Wasser verjubelt. Es geht vielmehr um Sport und Geschicklichkeit, gewürzt mit einer ordentlichen Prise Feuerwehr.

Wettkämpfe bei den Feuerwehren haben eine lange Tradition, sie sind aber in den letzten Jahren vielfältiger und moderner geworden und haben es damit geschafft, ihr etwas altbackenes Image abzustreifen.

Früher wurde von verschiedenen Gruppen oder Wehren lediglich ein definierter Löschangriff vorgetragen, und die per Stoppuhr gemessenen Zeiten wurden miteinander verglichen. Heutzutage gibt es für verschiedene Altersgruppen Meisterschaften auf Landes- und Bundesebene in allen möglichen Feuerwehrsportarten. Sogar ganze »Feuerwehrolympiaden« werden europaweit ausgetragen.

Die Disziplinen sind je nach Veranstaltung unterschiedlich. Klassische Sportarten und Traditionelles wie Hackenleitersteigen oder das Vortragen eines Löschangriffs sind ebenso vertreten wie modernere Kombinationsübungen oder der gefürchtete Treppenlauf.

Als eine echte Schinderei verdient der Treppenlauf besondere Erwähnung, er ist aufgrund seines Namens quasi selbsterklärend, findet in Feuerwehrkreisen allerdings in kompletter Schutzausrüstung statt – wahlweise mit oder ohne angeschlossenen Pressluftatmer. Mindestens 15 Stockwerke sollten es schon sein, alles andere wird nicht wirklich ernst genommen (Treppenlauf Köln 2013: 750 Stufen, 41 Etagen). Zugegeben, eine gewisse masochistische Ader kann nicht schaden, um an derartigen Wettkämpfen mit Erfolg teilzunehmen.

Die vorhandenen Kräfte mit anderen zu messen liegt wohl in der Natur des Menschen, da machen Feuerwehrleute keine Ausnahme. Wettkämpfe sind dabei ein gutes Ventil, um den eigenen Ehrgeiz auszuleben, und sind Gelegenheit und Ansporn zugleich, um erreichte Leistungen noch weiter zu verbessern. Wettkämpfe bei der Feuerwehr sind aber auch ein Anlass, zu dem Kollegen sich begegnen und neue Freundschaften entstehen. Es geht nicht nur um höher, schneller, weiter – es geht auch um den Geist innerhalb der Feuerwehr.

GRUND NR. 28

Weil Feuerwehrleute glückliche Menschen sind

Glück ist ein sehr vielschichtiger Begriff, jeder empfindet es anders und in unterschiedlichen Momenten. Die einen reduzieren es auf ein paar Hormone im Gehirn, andere halten es für eine Einstellung zum Leben, und wieder andere haben es noch nie erfahren.

Wenn ich meinen Kollegenkreis mit anderen Menschen aus meinem Umfeld vergleiche, habe ich den Eindruck, dass das Glück oder das Glücklichsein bei Feuerwehrleuten überproportional vertreten ist. Warum das so ist, ist eine schwierige, fast philosophische Frage. Ich versuche es daher einmal mit einer einfachen Antwort: Glück ist die Abwesenheit von Unzufriedenheit.

Natürlich sind nicht alle Feuerwehrleute glückliche Menschen, schließlich ist jeder seines Glückes Schmied, aber nicht jeder Schmied hat Glück. Dennoch bietet die Feuerwehr beste Voraussetzungen, ein erfülltes und glückliches Leben zu führen.

Ein häufiger Satz in Feuerwehrkreisen ist folgender: »Nicht reich, aber glücklich!« Als Feuerwehrmann gehört man sicher nicht zu den Großverdienern im Land, aber es heißt ja auch: »Geld macht nicht glücklich!« Die Tatsache, dass man einen krisensicheren Beruf ausübt, der nicht bei jeder Turbulenz am Arbeitsmarkt infrage gestellt wird, ist schon eher ein Grund, Glück zu empfinden. Dass der Beruf oder die Berufung auch noch gesellschaftliche Anerkennung und Wertschätzung mit sich bringt, wird dem Glücksgefühl sicherlich nicht schaden. Dass man in der Lage ist, Menschen aktiv zu helfen, ihnen vielleicht sogar das Leben zu retten, sorgt sogar für Gefühle, die mit dem Wort »Glück« nur unzureichend beschrieben sind.

Oft beruht der Zustand des Glücks auch auf einem Vergleich mit dem Umfeld oder der Umgebung. Als Feuerwehrmann darf man in jeden Abgrund der Gesellschaft blicken, ohne selbst hineinzustürzen. Dabei geht es nicht um Überlegenheit, es geht vielmehr um Dankbarkeit darüber, sich nicht in der gleichen Situation zu befinden.

Und oft sind es nur die Kleinigkeiten im Leben eines Feuerwehrmanns, die dafür sorgen, dass tiefes Glück empfunden wird. Das Mittagessen zu genießen, ohne vom nächsten Einsatz unterbrochen zu werden, an einer Einsatzstelle von Nachbarn mit kalten Getränken versorgt zu werden, eine Nacht durchzuschlafen, oder ein Dankeschön, das man nicht erwartet hat.

Dass Feuerwehrleute meist glückliche Menschen sind, liegt vielleicht auch daran, dass sie leicht zufriedenzustellen sind.

KAPITEL 3

DER GUTE RUF

Weil bis jetzt noch jedes Feuer gelöscht wurde

Jede Stadt, die etwas auf sich hält, hat in ihrer Chronik neben irgendwelchen Plünderungen auch mindestens einen verheerenden Stadtbrand aufzuweisen. Bei der 750-Jahr-Feier sinniert der Bürgermeister dann über die harte Arbeit und den Willen der Bürger zum Wiederaufbau und was für ein wirtschaftliches und kulturelles Zentrum seitdem aus der Stadt geworden ist, aber so sehr ein solches Ereignis sich auch als Aufhänger für eine jubiläumstaugliche Rede eignet, so sehr sind Stadtbrände doch aus der Mode gekommen.

Schuld daran sind die Feuerwehren. Die historischen Zusammenhänge sind in anderen Büchern besser beschrieben, aber nach einigen eher unfreiwilligen Versuchen im alten Rom hat sich das, was wir heute unter »Feuerwehr« verstehen, irgendwann im 18. Jahrhundert etabliert.

Mit der Zeit sind die Feuerwehren natürlich auch immer moderner und effizienter geworden. Was mit Löscheimern und Feuerpatschen begann, gipfelt heute in Sprühimpulslöschverfahren und vollautomatischen Brandmeldeanlagen.

Als Bürger denken Sie normalerweise nicht mehr darüber nach, ob Sie in Gefahr sind, wenn sechs Häuser weiter ein Wohnhaus brennt. Das war im Mittelalter oder in Kriegszeiten noch ganz anders – da ist schnell mal ein ganzes Viertel abgebrannt. Da saß dann die Nachbarschaft in der Ecke und betete zum Heiligen Florian: »Verschon mein Haus – zünd andere an!« Heute ist die größte Sorge der Nachbarn, dass dreckiges Löschwasser die eigenen vier Wände in Mitleidenschaft ziehen könnte. Ein nachvollziehbarer Gedanke, alles in allem aber meist ein Luxusproblem.

Ein Wohnungs- oder Häuserbrand ist heute in aller Regel nach wenigen Stunden Vergangenheit; nur noch selten ist die Feuerwehr mit einem Einsatz wirklich über Tage beschäftigt. Im Laufe der Zeit sind aus circa 600 römischen Sklaven hoch motivierte schlagkräftige Truppen geworden. Egal ob freiwillige oder Berufsfeuerwehr, der Bürger darf heute darauf vertrauen, dass jedes Feuer schnell gelöscht wird.

Vom brennenden Pkw über den außer Kontrolle geratenen Weihnachtsbaum, von der mutwillig entzündeten Mülltonne bis zu beeindruckend lodernden Dachstühlen – auf die Feuerwehr ist und bleibt Verlass!

Weil man in der Bevölkerung hohes Ansehen genießt

Einer der Gründe, Mitglied der Feuerwehr zu werden, mag die Möglichkeit sein, anderen Menschen zu helfen. Hilfe leisten zu können reflektiert aber nur eine Seite der Feuerwehrmedaille, denn es gibt durchaus auch egoistischere Gründe, seine Zeit dem Brandschutz zu widmen.

Einer mag das hohe Ansehen sein, das man durch die Tätigkeit bei der Feuerwehr in der Bevölkerung genießt. Der Zuspruch der Allgemeinheit tut jedem Ego gut. Wer das leugnet und behauptet: »Mir ist vollkommen egal, was andere Menschen über mich denken«, der belügt sich entweder selbst oder hat sich noch nie mit seinem Ego auseinandergesetzt.

Es gibt nun mal Beschäftigungen und Berufe, die beliebter und respektierter sind als andere. Auch wenn – nüchtern betrachtet – jeder die Notwendigkeit ihrer Existenz einsieht: Welches Finanzamt ist schon beliebt oder wird vom Kindergarten besucht? Feuerwachen stehen bei diesem Vergleich einfach besser da.

Auch muss jeder für sich selbst entscheiden, was er oder sie mit der persönlich zur Verfügung stehenden Freizeit anfängt, aber muss man sich wirklich für die Legalisierung der Sodomie einsetzen? Man kann seine Zeit auch im Dienst für die Gesellschaft sinnvoll nutzen und sich bei der freiwilligen Feuerwehr engagieren.

Von ein paar Feuerwehrgegnern darf man sich dabei weder beruflich noch ehrenamtlich verunsichern lassen. »Können Sie Ihren roten Schrotthaufen nicht woanders parken? Ich muss hier mit dem Auto durch!«, erkundigt sich ein Freund grenzenloser Mobilität. »Nein! Es tut uns leid, aber Ihrem Nachbarn brennt gerade die Wohnung aus. Es kann leider noch ein halbes Stündchen dauern …«, antwortet der Maschinist des Löschfahrzeugs dann höflich, sich für seine Anwesenheit entschuldigend.

Die neue Feuerwache soll bitte nicht im Wohngebiet gebaut werden, und auch nicht an einem Schulweg, und erst recht nicht in der Innenstadt, fordert die Bürgerinitiative mit dem schönen Namen »Die Feuerwehr muss draußen bleiben«.

Aber keine Angst, die Ablehnung von Einzelnen bestätigt nur die Zuneigung der Masse, und hält meist auch nur so lange an, bis es im eigenen Keller brennt. Auch wenn man es nicht jeden Tag gesagt bekommt: Laut Umfragen vertrauen 95 Prozent der Bevölkerung ihrer Feuerwehr und schätzen deren Arbeit. Als Brandschützer ist man also mehr als nur akzeptiert – dessen darf man sich sicher sein.

Weil Feuerwehrfeste besser sind als ihr Ruf

Zugegeben – wenn Sie mir als Jugendlichem im Alter von 16 oder 18 Jahren gesagt hätten: »Komm, wir gehen aufs Feuerwehrfest!«, hätte ich Sie vermutlich nach Ihrem Verstand gefragt. Retrospektiv muss ich mir diesbezüglich allerdings Unwissenheit und mangelnde Erfahrung vorwerfen lassen. Vielleicht gibt es auch Phasen im Leben, in denen schon der Begriff »Feuerwehrfest« innerlich eine gewisse Ablehnung aufkommen lässt. Da muss es schon ein Event sein, oder wenigstens eine Party oder ein Happening.

Heute wäre ich froh, wenn sich meine nicht vorhandenen Kinder ihr erstes Bier bei der feierlichen Segnung des neuen Löschfahrzeugs genehmigen würden, statt mit 16 erste Erfahrungen mit bewusstseinserweiternden Drogen in angesagten Clubs zu sammeln.

Feuerwehrfeste sind besser als ihr Ruf. Aber wie sieht so eine Veranstaltung überhaupt aus? Oder anders gefragt – was geht da ab, Mann? Zunächst hängt viel vom Anlass ab, und deren gibt es viele. 25. Dienstjubiläum des Löschgruppenführers, Einweihung des Gerätehauses, zehnjähriges Bestehen der Jugendabteilung, Indienststellung des neuen Löschfahrzeugs, 50-jähriges Bestehen der Alters- und Ehrenabteilung, 100-jähriges Bestehen der Löschgruppe et cetera et cetera. Die Aufzählung ließe sich beliebig fortführen.

Ein Dienstjubiläum hat vielleicht eher den Charakter einer Geburtstagsfeier, während die Einweihung des neuen Gerätehauses schon Züge eines Dorffestes hat. Eines haben alle Feuerwehrfeste allerdings gemeinsam: Sie sind gut organisiert. Ich habe jedenfalls noch kein Feuerwehrfest erlebt, bei dem zu wenig Fleisch auf dem Grill lag oder der Getränkenachschub gestockt hätte. Der Musikgeschmack ist variabel, und über Geschmack lässt sich bekanntlich nicht streiten. Von »Florian Silberdingsbums« bis »Metallica« habe ich schön alles gehört, hier zeigt sich der Feuerwehrmann an sich tolerant. Ein buntes Programm mit Hüpfburg und Wasserspielen für die Kleinsten, Prosecco-Ecke für die Damen und ein Stammtisch für die Herren geben dem Ganzen ein familiäres Flair.

Wenn es hart kommt, muss man ein paar Reden über sich ergehen lassen; meist fühlen sich Landräte, Bürgermeister oder Pfarrer dazu berufen, die versammelte Gemeinde an ihren feuerwehrtechnischen Gedanken teilhaben zu lassen, aber dafür ist schließlich der Eintritt frei. Zu später Stunde wird es vielleicht auch mal feuchtfröhlich, und spätestens dann werden die wirklichen Vorteile von Feuerwehrfesten deutlich.

Man lässt auch angetrunken keinen Kameraden ins offene Messer laufen und passt einfach ein bisschen aufeinander auf. Dass man gerade etwas zu innig mit der Frau des Löschgruppenführers tanzt, erfährt man wahrscheinlich, bevor es zu spät ist, und dass man mit dem berühmten Bier zu viel auf der Strecke bleibt, sollte auch nicht vorkommen. Wenn drei Mann feiern gehen, kommen auch drei Mann wieder nach Hause.

Dass die Feuerwehr manchmal auch als »Feierwehr« verschrien ist, empfinde ich als unfair. Die meisten Kollegen der freiwilligen Feuerwehren erfüllen ihren Bereitschaftsdienst Tag und Nacht an 365 Tagen im Jahr neben ihrem »normalen« Berufs- und Privatleben und leisten damit eine wichtige Arbeit in unserer Gesellschaft – da sollte dann auch das Feiern nicht zu kurz kommen. Der schöne Satz »Wer feiern kann, der kann auch arbeiten« kann Gott sei Dank auch sinnvoll umgestellt werden zu »Wer arbeitet, der darf auch feiern!«.

Weil man eine Uniform tragen darf

Nicht umsonst gilt die Feuerwehr – neben der Bundeswehr – als einer der schönsten Trachtenvereine Deutschlands. Neben der Einsatzuniform, die eigentlich besser als Schutzkleidung bezeichnet werden kann, gibt es noch die einheitliche Wachdienstkleidung, die während der Bereitschaftszeit auf der Wache getragen wird, sowie den Ausgehanzug für die feierlichen und offiziellen Anlässe.

Uniformen als solche haben für die Feuerwehren eine ganze Reihe von Vorteilen. Einheitliches Aussehen stärkt die Moral und gibt der Mannschaft ein gewisses Wir-Gefühl. Eine Uniform strahlt Autorität aus. Das fängt bei Schülerlotsen an und endet bei der bordeauxroten Robe der Verfassungsrichter. Irgendwo dazwischen rangiert die Feuerwehr. Die einheitliche Kleidung sorgt nicht zuletzt auch für einen enormen Wiedererkennungswert. Eine Feuerwehruniform wird von der Bevölkerung in der Regel sofort erkannt, und man muss sich nicht lange persönlich vorstellen oder einen Dienstausweis vorzeigen, wenn man gerade ein Wohnhaus evakuiert.

Die verschiedenen Uniformen haben sich im Laufe der Zeit natürlich verändert. Aus Pickelhauben wurden Schutzhelme, aus Ledermänteln wurde Brandschutzkleidung, die heute aus speziellen temperaturbeständigen Materialien gefertigt wird. Die Wachdienstkleidung sah früher zwingend Hemd und Krawatte vor, heute sind eher legere, dafür aber praktische T-Shirts oder Polohemden verbreitet. Der Ausgehanzug bestand bis vor wenigen Jahren oftmals aus dem sogenannten »Duisburger Modell«, einem fürchterlich geschnittenen Sakko aus 100 Prozent Schurwolle, dunkelblau, mit vier silbernen Knöpfen und dazu passender Hose. Man sah aus, als wäre man gerade einem drittklassigen Schützenverein entlaufen.

Bei der Einkleidung zu Beginn meiner Feuerwehrlaufbahn wäre ich am liebsten sofort wieder nach Hause gegangen. Das Sakko, das ich erhalten hatte, war mir mindestens zwei Nummern zu klein, zumindest an den Armen. Wenn ich meine Arme nach vorn streckte, endeten die Ärmel an meinen Ellbogen. Meine diesbezügliche Beschwerde wurde durchaus ernst genommen. Ich erhielt folgende Antwort: »Willst du Fotomodell werden oder Feuerwehrmann? Halt den Betrieb hier nicht auf! Wann steht man schon so, mit ausgestreckten Armen, in der Gegend rum?« Recht hatte der Kerl von der Kleiderausgabe, als kleiner Feuerwehrschnösel ergab ich mich in mein Uniformschicksal.

Heute trage ich meine Uniformen wieder mit Stolz, auch den Ausgehanzug, Gott sei Dank haben die Entscheidungsträger in den letzten Jahren die Kraft und den Mut gehabt, derzeitige und kommende Feuerwehrgenerationen etwas moderner und weniger peinlich auszustatten. Kleider machen eben Leute – das gilt auch für die Feuerwehr.

Weil man sein Helfersyndrom ausleben kann

Der Begriff »Helfersyndrom« ist ein hässliches Wort, wird der Begriff der Hilfe hier doch mehr oder weniger mit einem krankhaften Zustand in Verbindung gebracht.

Natürlich gibt es übertriebene Hilfe, die eher schadet als nutzt, natürlich gibt es den grenzenlosen Altruismus, der irgendwann zur völligen Selbstaufgabe führt. Aber mal ehrlich: Wie viele ältere Damen kennen Sie, die tagtäglich gegen ihren Willen von hilfsbereiten jungen Männern über die viel befahrene Straße geleitet werden?

Man sollte die Dinge differenziert betrachten. Wird ungefragt Hilfe angeboten und aufgezwungen, oder wird Hilfe erbeten und gewünscht? Die Feuerwehr wird in aller Regel gerufen. Man darf also davon ausgehen, dass die angebotene Hilfe willkommen ist.

Mir persönlich ist im Übrigen auch keine Löschgruppe oder Wache bekannt, die prophylaktisch ausrückt, um irgendwelche Hilfsbedürftigen zu suchen und sie anschließend mit nicht enden wollender Hilfsbereitschaft zu überschütten.

Von einem negativ besetzten Wort wie dem »Helfersyndrom« darf man sich den Spaß am Helfen nicht verderben lassen. Es ist einfach ein sehr befriedigendes Gefühl, wenn die Flammen das Nachbarhaus nicht erreicht haben und Erinnerungen sowie Hab und Gut, womöglich eine ganze Existenz gerettet werden konnten. Es tut gut zu hören, dass die schwerverletzte Mutter von zwei Kindern, die man vor drei Wochen aus einem Autowrack befreit hat, heute das Krankenhaus auf den eigenen Beinen verlassen hat. Es bleibt kein Auge trocken, wenn Herrchen oder Frauchen vor Glück Rotz und Wasser heulen, nachdem man Mieze, Hundi oder Hansi aus einer Notlage befreit hat. Natürlich gibt es Grenzen. Eigenschutz ist und bleibt oberstes Gebot. Es bringt nichts, wenn aus einem Helfer ein Opfer wird. Man muss auch nicht der Erste, der Schnellste und der Größte an der Einsatzstelle sein. Die Feuerwehr hilft als Team und ist keine Ein-Mann-Armee.

Die Bereitschaft zu helfen ist bei den Feuerwehren, egal ob ehrenamtlich oder beruflich orientiert, eine Selbstverständlichkeit – und zwar unabhängig von Religion, Hautfarbe oder anderen einschränkenden Kategorien. Die Feuerwehren sind kein Haufen krankhaft hilfsbereiter Gutmenschen, die keinen Feierabend kennen. Feuerwehren bestehen aus sozial kompetenten Menschen, die nicht wegschauen, wenn Hilfe gebraucht wird, und die kommen, wenn man sie ruft. Wenn der ein oder andere das als Helfersyndrom bezeichnet, dann leide ich gern daran.

Weil Feuerwehrmänner heutzutage nicht mehr in jeder Situation harte Kerle sein müssen

Dieser Text soll kein Vorwurf an frühere Generationen sein. Die Zeiten waren nun mal andere, die Zeiten waren härter. Es wurde nicht geweint, und es wurde auch nicht wirklich mitgefühlt. Den Generationen, von denen ich hier spreche, steckte der Zweite Weltkrieg noch tief in den Knochen.

Es herrschte wohl so etwas wie Gruppenzwang, in jeder Situation Haltung zu bewahren. Bei emotional schwierigen Einsätzen waren Sätze wie »Stellen Sie sich nicht so an!« oder »So ist nun mal der Lauf der Dinge!« keine Seltenheit. Unter Vorgesetzten herrschte scheinbar die Ansicht, die Kollegen müssten abgehärtet werden. Ich will nicht wissen, wie viele Tränen nicht vergossen wurden, die aber stattdessen zu tiefen Kratzern auf der Seele führten. Dass die Kollegen psychischen Schaden nehmen würden, konnte oder wollte sich niemand vorstellen.

Ein paar Ewiggestrige werden mir wahrscheinlich sagen: »Halt einfach den Mund, du warst selbst nicht dabei! Wovon erzählst du da?«

Und auch wenn der Einwand stimmt, werde ich meinen Mund nicht halten, da die Berichte über diese Dinge von vertrauenswürdigen älteren Kollegen stammen, die zum Teil bereits pensioniert sind und denen ich zu verdanken habe, dass ich in einer anderen Grundstimmung bei der Feuerwehr arbeiten darf.

Natürlich darf ich nicht jedes Schicksal an mich heranlassen, natürlich kann ich nicht mit jeder Familie trauern, der gerade vollkommen altersentsprechend der Großvater nach vollendetem 95. Lebensjahr verstorben ist. Natürlich halte ich einen emotionalen Abstand zu Opfern und Angehörigen. Das ist Teil meiner psychischen Hygiene und auch Ausdruck von Professionalität.

Es gibt aber auch Einsätze, wo alle professionellen Mauern fallen und Abstand nicht mehr möglich ist. Dann Gefühle zu zeigen ist heute kein Zeichen von Schwäche mehr – ganz im Gegenteil. Die Zeiten haben sich Gott sei Dank geändert.

Ein Beispiel dafür ist die Nachricht an ein neunjähriges Kind, dem gerade der geliebte Stiefvater im Alter von 36 Jahren vollkommen unerwartet weggestorben war. Dem Kind zu erklären, dass das Leben manchmal sehr unfair sein kann, dass die Reanimation leider erfolglos war und dass sein Papa nie wieder mit ihm spielen wird, ist eigentlich gar nicht meine Aufgabe, aber es gibt Situationen, da hat man keine Möglichkeit, der Sache aus dem Weg zu gehen. Wenn ich es sein soll, der dem Kind diese Dinge erklärt, dann möchte ich dabei weinen dürfen!

Es gibt aber auch die glücklichen Momente, in denen Tränen fließen. Nach der ersten Geburt im Rettungswagen war ich wie berauscht, habe vor Glück gelacht und vor Rührung geheult, als wäre es mein eigenes Kind – na ja, fast jedenfalls.

Die Feuerwehr braucht keine Heulsusen, die wegen einer toten Taube zehn Taschentücher vollschniefen; die Feuerwehr braucht auch niemanden, der wegen eines Herzinfarkts im Seniorenheim zum Psychologen rennt. Die Feuerwehr braucht allerdings Menschen, denen klar ist, dass eine Träne im richtigen Moment eine Stärke und keine Schwäche ist.

GRUND NR. 35

Weil die Feuerwehr keine Strafzettel verteilt

Man kann viele Dinge tun, um sich unbeliebt zu machen. Man kann als Politiker Steuererhöhungen fordern, für Lohnverzicht werben und sich gleichzeitig im Bundestag selbst die Diäten erhöhen. Man kann als japanischer Walfänger arbeiten, oder man erklärt seiner langjährigen Ehefrau, dass die Sache mit der blutjungen Blondine nur rein sexuell war. Wenn Sie diese Dinge oder Ähnliches getan haben, dann sind Sie schon reichlich unbeliebt, oder?

All das ist harmlos! Wenn Sie mal so richtig unbeliebt sein möchten, dann fangen Sie einfach an, »Knöllchen« zu verteilen, und zwar egal welche. Gehen Sie mal durch den Park spazieren und beobachten Sie die lebhaften Diskussionen von Hundehaltern ohne Leine mit Mitarbeitern des Ordnungsamtes. Oder schauen Sie zu, wie eine Politesse einem Falschparker seine verdiente Geldbuße aufbrummt. Da solidarisieren sich ja sogar vollkommen Unbeteiligte, um die Ärmste öffentlich verbal zu lynchen. Begleiten Sie mal Polizisten bei einer Verkehrskontrolle, egal um welchen Verstoß gegen die Straßenverkehrsordnung es sich handelt. Jeder hat eine Ausrede und diskutiert und lamentiert, um sich am Ende über die völlig unnötige Abzocke und staatliche Wegelagerei aufzuregen. Überhaupt: Die Polizei kommt selten gut weg. Wenn jemand die Ordnungshüter gerufen hat, gibt es meist auch jemanden, der das nicht so toll findet.

Bei der Feuerwehr ist die Sachlage eine andere. Die kommt, um die Dinge wieder in Ordnung zu bringen. Alle sind glücklich und zufrieden, wenn die Feuerwehr auftaucht, vom Brandstifter mal abgesehen, und meist wird ihr Kommen sogar ungeduldig erwartet. Egal, ob ein Rohrbruch die Nachbarschaft unter Wasser setzt, es einen Verkehrsunfall gegeben hat oder ein halber Straßenzug niederbrennt. In der Wahrnehmung der Öffentlichkeit sind Feuerwehrleute immer die Guten, die unverzüglich Hilfe leisten, und nicht die Bösen, die immer gleich fragen, wer Schuld hat, und sofort einen Strafzettel ausstellen. Diesen Teil der Arbeit hat die Feuerwehr dankbarerweise an andere Behörden abgegeben. Für kein Geld der Welt würde ich mit einem Polizisten tauschen wollen, denn ein zu großer Teil der Polizeiarbeit besteht darin, uneinsichtigen Menschen zu erklären, was sie nicht dürfen. Sowohl die Polizei als auch die Feuerwehr sorgen für Ordnung, jede Institution auf ihre Weise. Die Polizei wird dafür oft beschimpft, die Feuerwehr jedoch sogar gelobt, aber so ist es eben oft: Wenn zwei das Gleiche tun, ist das noch lange nicht dasselbe.

Weil Feuerwehrleute einen besonderen Humor pflegen

Jede Berufsgruppe hat wohl ihren ganz eigenen Humor. Im Büro wird jedenfalls anders gelacht als auf der Baustelle, was mitnichten eine bewertende Aussage sein soll. Dabei geht es im Fall der Brandschützer aber nicht um spezielle Feuerwehrwitze oder gar darum, sich platt über Opfer und Betroffene lustig zu machen, es geht in meinen Augen vielmehr um Menschliches und manchmal auch Makabres. Feuerwehr ist nun mal keine humorbefreite Zone, und wer hat es in seinem Leben noch nicht erlebt, dass gelacht wurde, obwohl man es selbst vielleicht als unpassend empfand. Wer wann worüber lacht, kann man nicht kontrollieren, allerdings sollte man als Feuerwehrangehöriger das notwendige Fingerspitzengefühl besitzen, um mit dem eigenen Humor niemand anderen zu belästigen oder zu verletzen.

Skurrile und außergewöhnliche Einsätze mit etwas Abstand noch einmal Revue passieren zu lassen, sie in der Fantasie bis ins Unrealistische weiterzuspinnen und sich auch über unausweichliche Situationskomik zu amüsieren gehört für mich aber genauso zur Feuerwehr wie Schläuche, Pumpen und Strahlrohre. Der derbe und bisweilen auch schwarze Humor der Feuerwehr hat neben dem Amüsement noch eine weitere sehr wichtige Funktion, die gern vergessen wird: Er ist Teil der sogenannten psychischen Hygiene und dient neben anderen Mechanismen der Verarbeitung von Erlebtem.

Ein kleines Beispiel bringt Sie als Leser vielleicht auch zum Schmunzeln. Einem jungen Mann war sein Hund abhandengekommen, ein kleiner weißer Kläffer an einer ausziehbaren Leine. »Wie kommt denn ein Hund abhanden, wenn er an der Leine ist?«, fragen Sie berechtigt. Nun, der Kleine hatte im Foyer eines Mittelklassehotels wohl etwas Vorsprung herausgearbeitet, als er in den offenen Aufzug lief. Herrchen war wohl noch nicht so weit, als sich die Türen schlossen und die Kabine samt Hund den Weg nach oben antrat. Außer den Griff der Leine festzuhalten und erschrocken zu beobachten, wie sie nach oben abgerollt wurde, blieb dem Herrn nichts übrig. Der Aufzug fuhr unbeirrt in die zweite Etage. Dort angekommen, blockierten erstaunte Hotelgäste geistesgegenwärtig den Aufzug, und die Feuerwehr wurde alarmiert, um bei der Lösung des Problems zu helfen. Am Ende sind der Wauwau und das andere Ende der Leine mit dem Schrecken davongekommen.

Stellen Sie sich die Szenerie nun vor Ihrem geistigen Auge vor. Sie waren ja nicht dabei, als es passierte, lassen Sie den Film noch einmal ablaufen. Sie müssen zugeben: Das Ganze eignet sich hervorragend als Sketch fürs Abendprogramm.

Ob man über derartige Situationen schmunzeln oder lachen darf, muss jeder für sich selbst entscheiden. Der ganz eigene Humor der Feuerwehr ist mit Sicherheit auch ein Resultat der Arbeit, die man leistet, und abgesehen davon eben ein Ventil. Und witzig ist er auch, der Humor, den die Kollegen hoffentlich nie verlieren werden.

GRUND NR. 37

Weil die Feuerwehr ein Gefühl der Sicherheit vermittelt

Manchmal reicht bloße Anwesenheit aus, um in anderen Menschen eine gewisse Erwartungshaltung auszulösen. Wenn zum Beispiel ein Clown die Bühne betritt, rechnet man damit, dass früher oder später herzhaft gelacht wird. Dieses Prinzip funktioniert aber auch in die entgegengesetzte Richtung.

Wenn ein bewaffneter Polizist sich in einer Bankfiliale aufhält, erwartet man nicht, dass diese unmittelbar überfallen wird. Ganz ähnlich verhält es sich auch mit der Feuerwehr. Schon des Öfteren habe ich beispielsweise bei Sicherheitswachdiensten erlebt, dass Besucher sagen: »Es kann ja nichts passieren – die Feuerwehr ist ja vor Ort.«

Leider hat die jüngere Vergangenheit gezeigt, dass dies nicht immer zutrifft. Gegen Fehlplanungen und menschliches Versagen ist auch die Feuerwehr machtlos. Wenn etwas passiert, kann man nur noch sein Bestes geben, um den Schaden in Grenzen zu halten. Dennoch ist dieses etwas naive Denken – es kann ja nichts passieren, wenn die Feuerwehr vor Ort ist – von Vorteil. Es sorgt für eine ruhige Grundstimmung in einer Menschenmasse, und das auch zu Recht.

Die Feuerwehr gibt sich große Mühe, Veranstaltungen aller Art sicher zu gestalten, und hält Kräfte vor, die im Ernstfall schnell reagieren können.

Natürlich stehen nicht bei jedem Klavierkonzert mit 300 Zuhörern drei Löschzüge bereit, um im Notfall einzugreifen. Aber es ist jemand vor Ort, der während der Veranstaltung Sicherheitsvorschriften überwacht und Notausgänge kontrolliert, um im Fall der Fälle schnell eingreifen zu können.

Selbstverständlich halten ein paar Feuerwehrleute keine Massenpanik auf; natürlich kann ein Einzelner kein Unglück verhindern, aber man kann Alarmierungszeiten verkürzen, Evakuierungen einleiten und nachrückende Rettungskräfte einweisen. Durch derartige Maßnahmen kann viel wertvolle Zeit gewonnen werden, und brisante Situationen können entschärft werden.

Die Anwesenheit der Feuerwehr kann niemals eine hundertprozentige Sicherheit garantieren. Trotzdem darf man sich sicher fühlen – bei Ihrer Feuerwehr sind Sie in den besten Händen.

Weil die Feuerwehr unabhängig und unvoreingenommen ist

Natürlich ist die Feuerwehr abhängig von politischen Entscheidungen. Etwas anderes zu behaupten wäre vollkommen naiv. Schließlich sind es Parteien, Fraktionen, Bürgermeister und Stadträte, die darüber entscheiden, ob ein neues Gerätehaus gebaut oder wann welches Fahrzeug neu beschafft wird.

Der entscheidende Punkt ist aber ein anderer. Im Einsatz spielt es keine Rolle, welche Farbe das Parteibuch des Oberbürgermeisters hat, und es spielt erst recht keine Rolle, ob der Eigentümer der gerade brennenden Doppelhaushälfte überhaupt ein Parteibuch besitzt. In ihrer Arbeit ist die Feuerwehr unabhängig und neutral. Jedem Menschen wird vorurteilsfrei geholfen, Herkunft, Religion, Geschlecht oder Aussehen der Person spielen dabei keine Rolle.

Das gilt im Übrigen auch für die Menschen, die sich aktiv bei der Feuerwehr engagieren. Als Spiegelbild der Gesellschaft ist es inzwischen Normalität, dass Brandschützer und Rettungsdienstler aus aller Welt stammen, genau wie die Bevölkerung in Deutschland auch. Dabei leistet die Feuerwehr ihren Beitrag zur Integration und profitiert umgekehrt von vielfältigen sprachlichen und kulturellen Kompetenzen. Der einsatztaktische Vorteil kann dabei gar nicht hoch genug eingeschätzt werden.

Wer einmal ein Haus evakuiert hat, in dem hauptsächlich ausländische Mitbürger wohnen, weiß, wovon ich spreche. Nicht jeder Gast in unserem Land spricht automatisch unsere Sprache. Mit Schulenglisch kommt man auch nicht weit, gepriesen sei der heilige Florian, wenn dann arabische, russische oder spanische Fremdsprachenkenntnisse in der eigenen Löschgruppe vorhanden sind.

Die Welt ist in den letzten Jahrzehnten zum Dorf geworden. Das gilt glücklicherweise auch für die Feuerwehr.

KAPITEL 4

GEWUSST WIE

Weil da immer jemand ans Telefon geht …

Eine sonore fast erotische Frauenstimme ist zu hören: »Sie brauchen die Hilfe der Feuerwehr? Dann drücken Sie bitte die 1. Sie brauchen die Hilfe des Rettungsdienstes? Dann drücken Sie bitte die 2. – PIEP – Sie haben die 1 gedrückt. Möchten Sie ein Feuer melden? Dann drücken Sie bitte die 1. Brauchen Sie eine technische Hilfeleistung? Dann drücken Sie bitte die 2. – PIEP – Sie haben die 1 gedrückt. Brauchen Sie ein Löschfahrzeug, um die Flammen zu bekämpfen? Dann drücken Sie bitte die 1. Brauchen Sie einen ganzen Löschzug? Dann drücken Sie bitte die 2. – PIEP – Sie haben die 2 gedrückt. Bitte nennen Sie deutlich den Einsatzort.« Eine hektische Männerstimme: »Babelsberger Platz«. Die Frauenstimme: »Ich habe Sie leider nicht verstanden, bitte wiederholen Sie den Einsatzort.« Der Mann, voller Verzweiflung: »Das darf doch nicht wahr sein, mir brennt die Hütte nieder!!! Babelsberger Platz, verdammt noch mal!« Erneut die tiefe Klangfarbe der Frau: »Ich habe Sie leider nicht verstanden, bitte wiederholen Sie den Einsatzort. Schwierige Straßennamen können buchstabiert werden, drücken Sie hierzu bitte zunächst die 1 …«

So oder so ähnlich will sich wohl niemand einen Notruf vorstellen. Aber mal sehen, was die Zukunft bringt. Der Mensch an sich ist ja verrückt genug. Gottlob ist die Feuerwehr zurzeit weit entfernt von Callcentern, Warteschleifen und Tastenwahl. Wer die Notrufnummer 112 anruft, der kann sich darauf verlassen, mit echten Menschen zu sprechen, und das selbstverständlich zu jeder Tages- und Nachtzeit. An 365 Tagen im Jahr. Jeder Feuerwehreinsatz beginnt mit einem Notruf, schließlich rückt die Feuerwehr so gut wie nie auf Verdacht aus. Anrufen muss man schon, um Hilfe zu erhalten. Die Kollegen der Leitstelle werden dann eine Menge Fragen stellen, allen voran die berühmten fünf W-Fragen.

- Wo ist etwas geschehen?
- Was ist geschehen?
- Wie viele Personen sind betroffen?
- Welche Art der Erkrankung/Verletzung liegt vor?
- Warten auf Rückfragen!

Wobei Letzteres eigentlich gar keine Frage ist. Dieses Schema hat sich tausendfach bewährt, um alle wichtigen Informationen schnell und strukturiert zu erhalten.

Dass manchmal kurze Wartezeiten entstehen und nicht beim allerersten Klingeln sofort ein Leitstellenmitarbeiter zur Verfügung steht, liegt daran, dass die Leitungen manchmal unnötig blockiert werden. Zunächst muss jeder Notruf an- und ernst genommen werden. Leider ist eine große Zahl der Anrufe unnötig. Es hilft niemandem, wenn hundert besorgte Bürger bei Gewitter die Leitstelle anrufen, um zu fragen, wo der Blitz denn nun eingeschlagen sei – Pech für Sie, wenn es Ihr Dachstuhl war und sich die Notrufannahme geringfügig verzögert. Der besorgte Bürger ist das eine, echter Notrufmissbrauch das andere. Leider kommt es immer wieder vor, dass Menschen sich einen Spaß daraus machen, die Feuerwehr zu alarmieren, obwohl rein gar nichts passiert ist. Die Motive hierfür werden mir wohl auf ewig schleierhaft bleiben.

Man kann wohl nur immer wieder appellieren, die Notrufnummer – wenn notwendig – auch zu gebrauchen, sie aber nicht leichtfertig zu missbrauchen. Dass unter der Notrufnummer 112 immer jemand ans Telefon geht, ist an sich schon eine tolle Sache. Dass danach auch noch immer Hilfe kommt, macht sie großartig.

Weil Ortskunde beweist, dass der Weg nicht das Ziel ist

Sich in einer Stadt auszukennen ist einfach praktisch. Das Wissen, wo es noch kostenfreie Parkplätze gibt, welche Schleichwege mit dem Auto Sinn machen und die Sicherheit, dass der Taxifahrer nicht versucht hat zu bescheißen, geben mir einfach ein gutes Gefühl. Ohne die Feuerwehr wäre ich wohl kaum in die Verlegenheit gekommen, mich so intensiv mit meiner Stadt auseinanderzusetzen. Zwar kenne ich auch nach vielen Jahren noch nicht jeden Stein, aber wie ich ohne große Umwege von A nach B komme, das ist in Fleisch und Blut übergegangen.

Den Weg zu kennen, ist an sich ja schon mal eine sehr nützliche Sache. Bei der Feuerwehr bedeutet den Weg zu kennen, keine wertvolle Zeit zu verlieren. Daher legt man zu Recht gesteigerten Wert auf die sogenannte »Ortskunde«. Wer möchte schon Einsatzfahrzeuge dabei beobachten, wie sie systematisch das Straßennetz abfahren, in der Hoffnung, die Einsatzstelle irgendwann umzingelt zu haben.

Bei den meisten Feuerwehren ist die Ortskunde oder auch »kalte Lage« daher sogar ein fester Bestandteil der Ausbildung. Da sitzen dann 20 angehende Brandmeister verzweifelt in einem Klassenraum und lernen mehr oder weniger den Stadtplan auswendig.

»Das ist doch in Zeiten von Navigationsgeräten nicht mehr nötig!«, sagen Sie. Leider doch! Wenn die Stimme mitten auf der Autobahn »Bitte wenden, jetzt wenden!« säuselt, verliert man schnell das Vertrauen in die Errungenschaften der modernen Satellitentechnik.

Die wichtigste Information in einem Notruf ist und bleibt die Ortsangabe. Da darf der Bürger zu Recht erwarten, dass die Feuerwehr sich Mühe gibt, das eigene Revier zu kennen. Manchmal ist es aber wirklich nicht einfach: Gerade in Großstädten sind Straßennamen oft mehrfach vergeben, oder geistig umnachtete Stadtplaner haben die Hausnummern ganzer Siedlungen ohne Sinn und Verstand im LSD-Rausch vergeben.

Aber so herausfordernd das Thema Ortskunde auch sein mag, so interessant ist es auch. Es geht eben nicht nur um Straßennamen, Hausnummern und Kreuzungen, nein, es geht auch um besondere Gebäude, historische Bauten und weitere relevante Infrastruktur. Für die Feuerwehr ist es sehr wichtig, einen Bahnhof oder ein riesiges Konzerthaus auch mal im normalen Betrieb zu besichtigen, denn nur dann kann man im Einsatzfall auch adäquat handeln; man erinnert sich an Besonderheiten und Details, man ist einfach nicht zum ersten Mal da – und wir alle wissen, wie oft das erste Mal in die Hose geht.

Spaß beiseite: Niemand ist perfekt, und niemand kennt den letzten kleinen Winkel im Stadtgebiet. Jeder macht Fehler. Aber wenn ein Berliner Feuerwehrmann nicht das Brandenburger Tor findet, oder ein Kölner den Dom verfehlt, dann ist etwas schiefgelaufen. Dennoch bitte ich um Verständnis, wenn ein Feuerwehrfahrzeug

oder Rettungswagen zwei-, dreimal dieselbe Straße auf und ab fährt. »Die Straße mit den Bäumen in der Mitte, an der Tankstelle stadtauswärts. Da stehe ich!« Das ist manchmal die beste Ortsangabe, die wir kriegen können. Dann sind wir gegebenenfalls darauf angewiesen, das sich der Anrufer deutlich bemerkbar macht. Was manche Mitmenschen aber darunter verstehen, hat oft mehr mit einem Versteckspiel zu tun – da hilft dann auch die beste Ortskunde nichts mehr.

Allen Kollegen, die noch in der Ausbildung sind und die Ortskunde verfluchen, sei folgender Tipp gegeben: Die Dinge mit Orten verknüpfen, die einem selbst wichtig sind. Die Lage von Schnellrestaurants, Kneipen und Tabledance-Schuppen prägt sich auch mir besser ein als die Adressen von Krankenhäusern und S-Bahn-Haltestellen. Jetzt heißt es nur noch, das Angenehme mit dem Nützlichen zu verbinden. Wenn man also nach dem Kneipenbesuch mit einem Burger in der Hand vor dem Tabledance-Schuppen am Türsteher abgeprallt ist und anschließend mit der S-Bahn ins Krankenhaus fährt, dann sind diese Punkte auf dem Stadtplan schon mal verinnerlicht.

Der Weg ist manchmal eben doch das Ziel.

GRUND NR. 41

Weil man ein instinktives Sicherheitsdenken entwickelt

Man kann es durchaus als schrullig oder in extremen Fällen auch als neurotisch bezeichnen, aber Feuerwehrangehörige gehen anders durch ihren Alltag. Eine gewisse Aufmerksamkeit beziehungsweise Wachsamkeit gilt stets der Umgebung und möglichen sich entwickelnden Gefahren.

Fahren Sie doch mal als Beifahrer mit jemandem durch den Großstadtdschungel, der es gewohnt ist, sich normalerweise mit Blaulicht und Martinshorn durch den Stadtverkehr zu bewegen.

Ständige Bremsbereitschaft und das fortwährende Erwarten von Fehlern anderer Verkehrsteilnehmer können schon mal zu Übelkeit und Unlust führen.

Oder machen Sie doch mal mit einem frisch gebackenen Fahrzeugführer einer Drehleiter einen romantischen Spaziergang an einem sonnigen Frühlingstag. Wo Sie sich an der alljährlichen Wiedergeburt von Flora und Fauna erfreuen, hat Ihr Schatz nur Augen für Gebäudehöhen, Feuerwehrzufahrten und Aufstellflächen für Großfahrzeuge. Wo Sie die schön restaurierte Fassade eines Altbaus bewundern, überlegt Ihr Schatz, ob er mit der vierteiligen Steckleiter sicher das dritte Obergeschoss erreicht. Vielleicht ist Ihr herrlicher, aber etwas überdimensionierter Gartenteich mit den hübschen Seerosen in den Augen Ihres Feuerwehrgatten gar kein Gartenteich, sondern eigentlich ein Löschwasserreservoir.

Ursprung dieses Sicherheitsdenkens sind wahrscheinlich sogenannte Planspiele. Planspiele sind ein bisschen wie das schöne Spiel »Was passiert dann?« aus der *Sesamstraße*, nur mit ernstem

Hintergrund. Wie begegnet man welchem Notfallszenario? Sich gedanklich mit allen möglichen Situationen auseinanderzusetzen hilft, im Einsatz vernünftige Entscheidungen zu treffen. Eine Situation muss erkundet und beurteilt werden, Maßnahmen müssen abgewogen werden, und schlussendlich muss eine Entscheidung gefällt werden. Dieses Denken zu trainieren und zu verinnerlichen ist ein Prozess, der zugegebenermaßen im Privatleben schon mal anstrengend werden kann.

Wenn Sie wissen wollen, ob Ihr Partner auch privat schon von einem gewissen Sicherheitsdenken geleitet wird, gibt es folgenden nahezu todsicheren Test: Fragen Sie ihn einfach bei Ihrem nächsten Aufenthalt in einem Hotelzimmer, wo der nächste Feuerlöscher hängt und ob der Notausgang nach Verlassen des Zimmers links oder rechts zu suchen ist. Gehen Sie davon aus, dass Sie spontan eine exakte Antwort erhalten. Nehmen Sie es ihm nicht übel. Erstens kann er oder sie nicht anders, und zweitens kann es Ihnen mal das Leben retten.

GRUND NR. 42

Weil man bei der Feuerwehr lernt, die Dinge mit anderen Augen zu sehen

Was von den meisten Menschen als eine mittlere bis große Katastrophe empfunden wird, ist in der Wahrnehmung der Feuerwehrleute oft nur ein unangenehmes Malheur.

Das heißt nicht, dass Feuerwehrmänner und Feuerwehrfrauen abgestumpft oder verroht sind, es bedeutet lediglich, dass sich nach einigen Jahren Dienst bei der Feuerwehr gewisse Maßstäbe verschoben haben.

Auto kaputt – Totalschaden. Na und?! Solange Sie es selbstständig verlassen konnten und nicht mehr als ein paar Schürf- und

Schnittwunden aufweisen, seien Sie dankbar! Oft hört man an solchen Einsatzstellen: »Na ja, nur Blechschaden, Gott sei Dank!«, aber die Gesichter zeigen nur Wut und Ärger. Die Feuerwehr sagt ebenfalls: »Blechschaden, Gott sei Dank!«, aber die Kollegen empfinden tatsächlich Dankbarkeit.

In ihrer Wohnung hat es gebrannt, die Küche ist Schrott, der Rest ist von Rauch und Löschwasser ruiniert. Es ist nachvollziehbar, dass die Mieter oder Eigentümer der Wohnung am Boden zerstört sind. All die Arbeit und Mühe, die jetzt auf sie zukommt, Brandermittlung, Versicherung, Behördengänge, wer hat da schon Lust zu, und das alles nur wegen dem billigen Toaster aus Fernost.

Solange man die Hütte nicht selbst angesteckt und niemand körperlichen Schaden genommen hat, kann man die Sache aber auch anders betrachten. Endlich Gelegenheit zu renovieren! Das Einzige, worum es wirklich schade ist und was immer ein Wermutstropfen bleiben wird, sind verloren gegangene persönliche Gegenstände und Erinnerungen.

Die Arbeit bei der Feuerwehr relativiert vieles. Wenn man es schafft, dies bewusst wahrzunehmen, gewinnt das eigene Leben gewaltig an Intensität.

Zwischenmenschliche Beziehungen gewinnen an Bedeutung, und Besitz wird weniger wichtig – der geht schließlich häufiger auch mal in Rauch auf. Aber auch Beziehungen enden manchmal abrupt und tragisch, nicht alle Einsätze gehen gut aus, und so ist man als Feuerwehrmann oder -frau auch gezwungen, sich mit dem Thema Tod und Sterben auseinanderzusetzen.

Ein wichtiges Thema, das gern vernachlässigt wird. Wie gehe ich damit um, dass Menschen in meinem Beisein sterben können? Wie gehe ich damit um, dass auch ich sterben könnte, beziehungsweise mit Sicherheit irgendwann werde. Mit diesen Fragen sollte man sich rechtzeitig auseinandersetzen. Mir wurde einmal die Frage gestellt, ob Feuerwehrleute eigentlich keine Angst vorm Sterben haben. Diese Frage kann man nicht allgemein beantworten, für mich ist der

Tod ein alter Freund, der mich irgendwann ungefragt besucht und eine Einladung mitbringt, die ich unmöglich ausschlagen kann.

Die Feuerwehr hat mich gelehrt, meine Augen zu benutzen und genau zu beobachten. Sie hat mich gelehrt, zwischen wichtig und unwichtig zu unterscheiden, und mir dadurch ein Stück Gelassenheit geschenkt, das echte Lebensqualität bedeutet. Wirkliche Probleme sind selten, meist handelt es sich nur um ungelöste Sachverhalte.

Weil sonst kaum jemand Werbung für Rauchmelder macht

Zugegeben, die Feuerwehren sind inzwischen nicht mehr die Einzigen, die Überzeugungsarbeit für Rauchmelder leisten. Seit einiger Zeit findet man auch Kampagnen von Versicherungen oder Berichte in Zeitungen und Fernsehmagazinen. Der Impuls, dass Rauchmelder eine lebensrettende und sinnvolle Investition sind, ging aber sicherlich von den Feuerwehren aus und stammt nicht aus einem Werbeblättchen einer Baumarktkette, wo Rauchmelder mit Fliesenkleber und Wascharmaturen um die Aufmerksamkeit des Kunden konkurrieren müssen.

»Was soll ich überhaupt mit einem Rauchmelder? Bei mir brennt es ja doch nicht, die Dinger hängen nur hässlich an der Decke«, könnte die Antwort eines Haus- oder Wohnungsbesitzers sein, wenn man ihn nach vorhandenen Rauchmeldern befragt. Okay, die Dinger sind meist nicht besonders hübsch, aber auf das Sankt-Florian-Prinzip »Verschon mein Haus, zünd andere an« zu vertrauen macht auch keinen Sinn. »Ja, aber ich kriege doch mit, wenn es bei mir brennt – dafür brauche ich doch keinen Rauchmelder!«, ist dann oft die nächste Aussage.

Leider kriegt man gar nichts mit, erst recht nicht nachts, während Sie friedlich träumen! Haben Sie schon mal einen Brandtoten gesehen? Die allermeisten sehen aus, als würden sie schlafen. Vielleicht ist die Kleidung oder das Gesicht etwas rußgeschwärzt, das war es dann aber auch. Nur sehr wenige Menschen, die im Verlauf eines Brandereignisses ums Leben kommen, weisen dabei erhebliche Brandverletzungen auf. Die überwältigende Mehrzahl stirbt still und leise im Schlaf an einer Kohlenmonoxidvergiftung oder erstickt auf der Flucht im bereits verrauchten Treppenhaus.

Um welchen Preis geschehen solche Tragödien! Heimrauchmelder arbeiten meist nach einem einfachen akustischen Prinzip. Sie alarmieren rechtzeitig und zuverlässig, sind kostengünstig, ihre Montage ist einfach und ihre Anschaffung mehr als sinnvoll. Heimrauchmelder retten Leben! Viele gute Hinweise und Bezugsquellen findet man im Internet. Leider gibt es aber auch unsinnige Angebote. Eine per Funkübertragung miteinander kommunizierende Anlage, bestehend aus zwölf Meldern, ist in einer Zweizimmerwohnung sicherlich übertrieben. Ein anderer Gerätetyp sind sogenannte Gaswarngeräte. Diese machen übrigens nur dann Sinn, wenn man auch in irgendeiner Form mit Gas im Haus umgeht. Ansonsten sind sie nur mehr oder weniger hübsches Dekor. Anders ausgedrückt: Der nette Verkäufer hat Sie verarscht.

Zurück zu den wirklich sinnvollen Heimrauchmeldern im Privathaushalt. Hier muss jeder Feuerwehrmann und jede Feuerwehrfrau leider immer noch nötige Überzeugungsarbeit leisten. Die Sensibilisierung der Bevölkerung sollte aber auch nicht übertrieben werden – nicht jedes Piepsen ist auch ein Alarm. Hier hilft die Bedienungsanleitung weiter. Manchmal ist es nur ein Warnsignal, dass die Batterie zur Neige geht, was natürlich keinen Einsatz der Feuerwehr erforderlich macht. In diesem Sinne: Rauchmelder retten Leben!

Weil Feuerwehrleute tolle Ersthelfer sind

Immer wieder kann man in allen möglichen Medien beobachten, dass Menschen, die Erste Hilfe benötigen, von ihrer Umwelt ignoriert werden. Da spielt es keine Rolle, ob man nach einem Verkehrsunfall mit seinem Auto im Graben liegt oder ob man mit einem Herzinfarkt in der S-Bahn zusammengebrochen ist. Die Wahrscheinlichkeit, dass man eine halbe Stunde später in irgendeinem »sozialen« Netzwerk der Lächerlichkeit preisgegeben wird, ist tatsächlich höher, als dass sich ein Mitmensch ehrlich kümmert.

Feuerwehrangehörige ticken da anders. Es spielt hier keine Rolle, ob Berufsfeuerwehrleute oder freiwillige Kollegen eine solche Situation erleben, es entspricht einfach nicht ihrer Natur, vorbeizugehen oder wegzuschauen, wenn andere Menschen Hilfe brauchen.

Zugegeben: Einen Vorteil haben Feuerwehrangehörige gegenüber anderen Menschen. Das Thema Erste Hilfe ist wesentlich präsenter. Während jeder normalsterbliche Bürger – es sei denn, er legt es darauf an – nur einmal im Leben mit einem Erste-Hilfe-Kurs oder den sogenannten »Lebensrettenden Sofortmaßnahmen« konfrontiert wird, so ist der Umgang mit diesem nützlichen Wissen für Feuerwehrleute alltäglich. Berufsfeuerwehrleute werden fast alle mindestens zum Sanitäter ausgebildet, freiwillige Kollegen erfahren in ihrer Ausbildung eine umfangreiche Erste-Hilfe-Unterweisung, während der »normale Bürger« der Thematik höchstens als lästiges Übel im Rahmen des Führerscheinerwerbs begegnet. Wann haben Sie das letzte Mal gehört, dass der Udo zur Uschi sagt: »Komm, Schatz, am Wochenende besuchen wir einen Erste-Hilfe-Kurs bei einer renommierten Hilfsorganisation!« Nur damit wir uns richtig verstehen: Am mangelnden Angebot sollte es nicht scheitern.

Der größte Fehler, den man machen kann, ist, nichts zu tun! Die Angst, Fehler zu machen, lähmt viele Menschen, aber tatsächlich ist es so, dass man sich in Ausnahmesituationen an die rudimentären und wirklich wichtigen Dinge aus dem 15 Jahre zurückliegenden Wochenendkurs doch noch erinnert. Für ernst gemeinte, aber leider missglückte Hilfe hat jeder Staatsanwalt Verständnis – für unterlassene Hilfeleistung nicht. Erste Hilfe beginnt bereits mit dem Notruf, und das eigene Mobiltelefon zu benutzen ist wohl kaum zu viel verlangt.

Natürlich stößt man als Ersthelfer auch hier und da an seine Grenzen. Es ist viele Jahre her, dass ich mit meiner Lebensgefährtin eine Badeanstalt besucht habe, die außer einem Schwimmbecken über circa 15 verschiedene Saunen verfügte. Wir genossen einen klassischen Salzaufguss, als Andy, seines Zeichens Sportstudent und Saunameister, gegen Ende der Sitzung der schwitzenden Menge den Rest gab. Noch mal ordentlich Wasser auf die heißen Kohlen, und dann mit dem Handtuch schlagen und wedeln, als gäbe es kein Morgen. Um es kurz zu machen: Auf dem Weg zur kalten Dusche hatte eine ältere Dame mit dem schönen Namen Marlene die Wirkung der Schwerkraft erfahren. Es war ihr wohl schwarz vor Augen geworden, als zeitgleich die Knie versagten und ihr Hinterkopf unsanfte Bekanntschaft mit dem gekachelten Boden machte.

Hellrotes Blut verteilte sich unschön im gesamten Umfeld, und mindestens ein Dutzend Saunagenossen – mich eingeschlossen – stand erschrocken daneben. Marlene hatte sich aufgerichtet und saß nun nackt und stark blutend mit einer fetten Kopfplatzwunde vor der Sauna. Meine Freundin stieß mich an. »Jetzt mach doch was – du bist doch Sanitäter!«, sagte sie laut und für alle Umstehenden hörbar. Natürlich wusste ich, was zu tun gewesen wäre. Ein Druckverband wäre nett gewesen, aber ein Blick an mir hinunter ließ ein paar Dinge vermissen. Abgesehen von meiner gewohnten Schutzkleidung fehlten auch Gummihandschuhe, Kompressen, Mullbinden und Ähnliches. Nackt und ohne Werkzeug ist man auch als Sanitäter schnell mit seinem Latein am Ende. Das einzige Sinnvolle, was ich tun konnte, war, nach dem Bademeister zu rufen.

Ich war höchst dankbar, als er eintraf und sogar einen Verbandskasten dabeihatte.

Handeln Sie als Ersthelfer bitte im Rahmen Ihrer Möglichkeiten. Mehr verlangt niemand, und sollten Sie selbst das Opfer sein, hoffen Sie darauf, dass jemand von der Feuerwehr Ihren Weg kreuzt. Die Kollegen halten nicht nur an, die Kollegen wissen auch, was zu tun ist.

Weil die Feuerwehr manchmal auch ein Kindergarten ist

Der Besuch der Igelgruppe aus einem in der Nähe befindlichen Kindergarten wirbelt den Dienstbetrieb auf unserer Feuerwache heute für ein paar Stunden ganz schön durcheinander. Wo sonst konzentrierte Ruhe herrscht, um Büroarbeit zu verrichten oder Fahrzeugpflege zu betreiben, gibt es nun aufgeregte Unordnung, lautes Geschrei und wildes Spektakel. Wer will es den Kleinen verdenken, ist doch der Besuch der Feuerwache für alle ein aufregender Tag und für einige frühreife Helden die Erfüllung des größten Traums überhaupt.

Auch für die Feuerwehren ist die Zeit mit den Kindern ausgesprochen wertvoll. Die Gelegenheit, bei den Hosenscheißern und Hosenscheißerinnen Werbung für eine Kinder- oder Jugendfeuerwehr zu machen, hat man nicht jeden Tag, daher sollte man seine Chance nutzen. Mit der Rekrutierung von geeignetem Nachwuchs kann man gar nicht früh genug beginnen, und da heutzutage ja schon Kinder keine Zeit mehr haben und einen Terminkalender brauchen, konkurriert man früher oder später mit dem Fußballverein, dem Musikinstrument oder einem angesagten Computerspiel.

Noch wichtiger als die Nachwuchsarbeit und das Spektakel ist aber, dass die Kinder beim Besuch der Feuerwache auch etwas lernen. Meist haben die Kindergärten den Besuch der Wachen gut vorbereitet, und so kann man mit Annabell, Jonathan, Daniel, Noah und Kira ganz wunderbar Frage-Antwort-Spiele spielen, um wichtiges Wissen zu vermitteln. Jonathan ist ganz stolz, denn er weiß sofort die richtige Notrufnummer, Kira kann sogar genau erklären, wo sie wohnt. Das ist nicht selbstverständlich für eine Vierjährige, kann ihr aber mal das Leben retten, und zusammen mit den anderen Kindern wird dann noch ein richtiger Notruf mit der Leitstelle simuliert.

Annabell und Daniel zucken ein wenig zusammen, als nach einem Probealarm und einer Lautsprecherdurchsage plötzlich ein Feuerwehrmann mit kompletter Schutzausrüstung den Raum betritt. Er hat sogar eine Atemschutzmaske im Gesicht und einen Pressluftatmer auf dem Rücken. Bei jedem Atemzug zischt es komisch, und als er die Kinder begrüßt, klingt es dumpf und bedrohlich. Der Auftritt soll die Kinder nicht erschrecken, ganz im Gegenteil. Die Kinder sollen erleben, wie ihr potenzieller Retter aussieht, wie er oder sie sich anfühlt und anhört. Keine Angst vor dem großen, vermummten Ungetüm mit der schwarzen Maske im Gesicht zu haben, das ist das Ziel der Übung. Wenn Kinder Angst haben oder sich bedroht fühlen, laufen sie weg oder verstecken sich – beides ist fatal, wenn sie in einer verrauchten Wohnung gesucht werden oder gerettet werden müssen.

Von dem Feuerwehrmann bekommt Noah dann sogar eine Fluchthaube über den Kopf gestreift, denn er hat sich mutig freiwillig gemeldet. Nun folgt er dem Feuerwehrmann nach draußen und trägt dabei dieses komische Ding, das seinen gesamten Kopf umhüllt, ihn so aber auch vor Rauch und anderen giftigen Gasen schützt.

Am Ende des zweistündigen Besuches besichtigt die Igelgruppe noch die Feuerwehrfahrzeuge. Jeder, der möchte, darf sogar einen Helm aufsetzen, und weil gerade Sommer ist, gibt es auch noch eine kleine Wasserschlacht.

Dass die Wasserschlacht noch andauert, als die Kinder schon gegangen sind, mag damit zusammenhängen, dass einige Feuerwehrleute große Kinder sind, beziehungsweise das Kind in sich bewahrt haben.

GRUND NR. 46

Weil man als Schaulustiger sonst nix zum Gucken hätte

Die Feuerwehr kann es sich leider nicht immer aussuchen, von wem sie geliebt wird. Ein fiktives Gespräch mit einem ungeliebten Zaungast.

»Warum stehen Sie hier eigentlich rum und beobachten den Feuerwehreinsatz, Sie könnten doch auch weitergehen?«

»Ja, ich weiß, man soll es nicht tun! Man soll auch nicht in der Nase bohren. Okay, wenn man es mir in Ruhe erklärt, dass es falsch ist, verstehe ich das ja auch, ich bin ja kein Vollidiot. Aber wenn ich mitkriege, da hat es geknallt, dann kann ich einfach nicht anders, ich will dann sehen, was da passiert ist. Ich bin halt neugierig! Ich bin sogar schon mal einem Löschzug, der sich durch eine Gasse auf der Autobahn quälte, hinterhergefahren. Hat die Feuerwehr erst gar nicht gemerkt. Klar hab ich mit meiner Karre nachher alles verstopft – aber ich war in der ersten Reihe und konnte genau sehen, wie sie den schwerverletzten Typen aus dem Wrack geschnitten haben. Krasse Sache!«

»Hatte das keine Folgen für Sie?«

»Doch schon, aber nicht der Rede wert, das Bußgeld war eine kleine Nummer. Die Geschichten kenne ich mittlerweile schon. Ich weiß noch, wie ich mir bei meinem ersten Platzverweis fast in die Hose geschissen habe, aber da kommt ja sowieso nix hinterher, einmal erhobener Zeigefinger, und das war es dann! Das nehme ich gern in Kauf, um meine Neugier zu befriedigen.«

»Können Sie denn nachvollziehen, dass Sie an Einsatzstellen nicht erwünscht sind?«

»Wer ist schon immer und überall erwünscht? Warum sich alle so aufregen, verstehe ich nicht, ich mache doch gar nix. Ja, ich weiß, angeblich bringe ich mich und andere in Gefahr, ich behindere die Einsatzkräfte und störe den Einsatzablauf. Wie soll ich denn etwas stören, wovon ich gar keine Ahnung habe? Ich steh nur so rum und filme halt ein bisschen mit meinem Smartphone.

»Und was denken Sie, wenn Sie sich in die Lage des Opfers versetzen? Wie würden Sie sich fühlen, wenn Gott und die Welt Sie filmt – Sie sind ja schließlich nicht von der Presse?

»Hab ich noch nie wirklich drüber nachgedacht, klar kann ich mir auch Schöneres vorstellen, als in einem Autowrack eingeklemmt zu sein und irgendein Typ hat nichts Besseres zu tun, als mich zu filmen, aber es geht ja nicht um den Typen in dem Wrack. Es geht drum, dass ich ganz nah dran war. Kann man dann auch im Internet gucken, voll geil, wie oft der Scheiß angeklickt wird. Aber nicht missverstehen, ich bin nicht so ein Freak, der nur vorbeifahrende Feuerwehrautos filmt, das ist ja wie Waschen ohne Wasser, ich will sehen, was passiert ist.«

»Verstehe. Außer Ihrer Neugier und ein paar Videos, gibt es noch andere Gründe, die Feuerwehr bei ihrer Arbeit hautnah zu beobachten?«

Klar, man lernt viel. Wenn einer vor einen Baum fährt und sich fast das Genick bricht, dann muss ich das schon nicht mehr ausprobieren – ich hab ja gesehen, dass es wehtut. Und es gibt noch diesen berühmten Kick. Diese Psychologen behaupten immer, man wolle den Kick der Gefahr erleben, ohne selbst das Opfer zu sein, aber was feige klingt, ist es gar nicht – es traut sich noch lange nicht jeder, die Absperrung von Polizei und Feuerwehr zu durchbrechen. Wo ich es gerade sage, das ist so ein Punkt, wo die echt empfindlich reagieren. Ich hab mal fast Prügel bezogen, nur weil ich bei einem Gasaustritt mit der Kippe im Mund ein paar Bilder schießen wollte, ehrlich, ich war höchstens fünf oder sechs Meter hinter dem Absperrband, aber die Typen mit den Pressluftatmern auf dem Rücken haben so getan, als wolle ich den Reichstag anzünden, voll übertrieben. Na ja, gab auch einen Platzverweis, aber was soll's.«

»Sie haben ja scheinbar schon eine Menge erlebt.«

»Klingt jetzt alles dramatisch, aber ich hab ja auch klein angefangen. Besonders langsam am Unfall vorbeifahren, vielleicht kann man ja mal einen Blick erhaschen. Oder ich habe mich auf eine Brücke gestellt, um besser sehen zu können, da bleibt man dann auch meist nicht lange allein. In der Gruppe macht Gaffen noch mehr Spaß. Da wird man dann quasi zum Sachverständigen und diskutiert, wie der Unfall passiert sein könnte.«

»Würden Sie Gaffen als ein Hobby bezeichnen?«

»Auf jeden Fall! Aber wer weiß, wie lange das Ganze noch gut geht, dieser Staat versaut einem echt alles, jetzt sind die Typen bei irgendeinem Hochwasser auf die Idee gekommen, Schaulustige zum Sandsackfüllen zu verpflichten – so weit kommt es noch! Hat Spaß gemacht, mich mit euch zu unterhalten, aber ich muss jetzt leider los. Das Internet ist voller Pornos, die laden sich ja nicht von allein runter.«

»Danke für das Gespräch.«

Weil man vor Feuerlöschern keine Angst haben muss

Nein, mit der Überschrift sind keine Mitglieder der örtlichen Feuerwehr gemeint, sondern die komischen roten Dinger, die überall an der Wand hängen. Hand aufs Herz, von Feuerwehrfrauen und Feuerwehrmännern einmal abgesehen – wer von Ihnen kann fach- und sachgerecht mit einem Feuerlöscher umgehen?

Leider die wenigsten! Die roten Dinger sind zwar allgegenwärtig, dennoch haben viele Menschen Angst, sie im Fall der Fälle auch zu benutzen. Angst war schon immer ein schlechter Ratgeber. Und ist meist nur das Resultat von Unwissenheit.

Was kann ich eigentlich mit einem Feuerlöscher ausrichten? Machen Sie sich doch mal schlau! Schauen Sie sich die Feuerlöscher in Ihrer Umgebung doch einmal etwas genauer an, es dauert nur eine Minute. Nicht, dass Sie mich falsch verstehen – solange es nicht brennt: nur anschauen, nicht anfassen.

Feuerlöscher sind quasi idiotensicher, in Bild und Schrift wird kurz und knapp erklärt, wofür der Löscher geeignet ist und wie er zu betätigen ist. Ein paar Dinge sollte man dennoch im Hinterkopf behalten. Es sollte immer der eigentliche Brandherd bekämpft werden. Es bringt nichts, wenn Sie aus zehn Metern Entfernung sechs Kilogramm Löschpulver in die lodernden Flammen jubeln. Feuerlöscher sind nur für Entstehungsbrände gedacht, eine ausgewachsene Feuersbrunst werden sie mit einem einzelnen Löscher

niemals beherrschen. Immer mit der Windrichtung löschen! Wasserlöscher sind nicht für Fett- oder Fritteusenbrände geeignet, und irgendwelche Speziallöscher sollten nicht ohne Einweisung in das Gerät verwendet werden.

Feuerlöscher sind auch nicht ausschließlich für den Laien gedacht, sie sind ebenso ein wirkungsvolles Einsatzmittel der Feuerwehr. In Fachkreisen auch als Kleinlöschgerät bezeichnet, werden Pulver-, Wasser- oder auch Kohlendioxidlöscher genutzt, um bei »kleinen Nummern« keinen größeren Schaden durch andere Löschmittel anzurichten.

Feuerwehrleute werden im Umgang mit den verschiedenen Löschern geschult, auf den Rest der Bevölkerung trifft das leider nicht zu. Zwischen idiotensicher und feuerwehrtauglich besteht im Fall von Feuerlöschern allerdings kein allzu großer Unterschied, daher sollte man keine Scheu haben, das komische rote Ding im Ernstfall von der Wand zu nehmen und es auch zu benutzen.

Weil Brandschutzerziehung langfristig Leben rettet

»Was man in der Jugend nicht lernt, lernt man im Alter niemals«, sagte bereits der antike römische Staatsmann Flavius Magnus Aurelius Cassiodorus Senator. Abgewandelt sagt eine deutsche Redensart: »Was Hänschen nicht lernt, das lernt Hans nimmermehr.« Und sowohl der römische Staatsmann als auch die deutsche Redensart hat recht.

Unfälle passieren nicht, sie werden verursacht, und die Tatsache, dass Unfälle verursacht werden, hängt in aller Regel mit Leichtsinn und Unwissenheit zusammen. Es geht also darum, rechtzeitig das Wissen über Gefahren zu erwerben, denn Gefahren, die ich kenne, kann ich vermeiden.

Je früher im Leben eine Sensibilisierung für gefährliche Situationen stattfindet, desto besser, und auf unsere Kinder und Jugendlichen lauern eine Menge Gefahren. In verschiedenen Bereichen des Lebens wird dem bereits Rechnung getragen. In der Grundschule findet ausführliche Verkehrserziehung statt, und Jugendliche werden intensiv über Drogenmissbrauch aufgeklärt. Die Brandschutzerziehung ist leider noch ein Stiefkind und wird mehr oder weniger dem Zufall überlassen. Die Feuerwehren versuchen, dem entgegenzuwirken. Kindergärten besuchen die Feuerwehr, und dabei geht es nicht nur um Spaß, sondern auch darum, dass die Kleinen etwas lernen, etwas mit nach Hause nehmen.

Ein dreistündiger Besuch einer Feuerwache reicht natürlich nicht aus, um den Nachwuchs auf alle möglichen Alltagsgefahren vorzubereiten, aber es ist ein Anfang. Wann, wo und von wem sollen die Kinder lernen, dass Feuer eine gefährliche Sache ist, wenn auch den Erwachsenen die Gefahren nicht bewusst sind? Eine brennende Pfanne löscht man nicht mit Wasser, flüssigen Grillanzünder spritzt man nicht in offenes Feuer, eine Kerze lässt man nicht unbeaufsichtigt brennen, und mit Feuer spielt man nicht, es sei denn, man ist Feuerspucker beim Zirkus.

Brandschutzerziehung vermittelt aber noch mehr: Warum ist Rauch so gefährlich? Wie setze ich einen richtigen Notruf ab, und warum darf ich im Brandfall eigentlich keinen Aufzug benutzen?, um nur ein paar weitere Aspekte zu benennen.

Die Arbeit der Feuerwehren in diesem Bereich kann nicht hoch genug eingeschätzt werden. Zwar gibt es einen gesetzlichen Auftrag der Feuerwehr zur Brandschutzerziehung, aber um sie langfristig wirklich effektiv zu betreiben, fehlt es leider an klaren Strukturen, den finanziellen Mitteln und an Personal. Dass der spärlich gesäte Samen dennoch Früchte trägt und es Grund zur Hoffnung gibt, zeigt folgender mitgehörte Dialog zwischen Vater und Sohn.

Sohn: »Papa, du darfst hier nicht parken, unter dem Auto ist ein Hydrant, die Feuerwehr braucht doch das Wasser, wenn es brennt.«

Vater: »Ja, aber es brennt ja nicht!«
Sohn: »Und wenn es in einer halben Stunde brennt?«
Vater: »Na gut, steig wieder ein. Wir fahren ins Parkhaus.«

Weil die Feuerwehr jede Alarmierung ernst nimmt

Im Nachhinein erweisen sich nicht alle Notrufe als ernst zu nehmende Ereignisse. Sogenannte Fehlalarme gehören für die Feuerwehren mittlerweile zum Einsatzalltag.

Eine technische Störung in einer automatischen Brandmeldeanlage gehört genauso zum Einsatzspektrum der Fehlalarme wie die böswillige Nutzung von Druckknopfmeldern in öffentlichen Gebäuden, was irgendwelchen Vollidioten angesichts der Häufigkeit solcher Vorkommnisse ganz offenbar insgeheim Vergnügen bereitet. Anscheinend haben einige Zeitgenossen den Kopf nicht eingeschaltet, oder machen sich schlicht keine Vorstellung davon, was ein Feuerwehreinsatz oder eine Evakuierung für Aufwand und Kosten verursacht.

Manchmal täuschen sich die Menschen aber auch einfach oder betrachten die Dinge mit einer gewissen Naivität. Die Abluft einer Heizungsanlage, die auf einer gegenüberliegenden weißen Hausfassade einen dunklen Schatten wirft, ist bei genauer Betrachtung mit Sicherheit kein Brandrauch. Irren ist aber menschlich, und daher werden derartige Fehlalarme im Fachjargon auch als »Alarmierung in gutem Glauben« bezeichnet.

Was Notrufe betrifft, bleibt es bei dem Grundsatz: Lieber einmal zu viel als einmal zu wenig! Für die Feuerwehren bleibt es – wider besseres Wissen – Herausforderung und Selbstverständlichkeit zugleich, jede Alarmierung ernst zu nehmen, als stünde ein Menschenleben oder ein anders hohes Gut auf dem Spiel.

KAPITEL 5

IM EINSATZ

Weil man mit der Feuerwehr
auch hinter die Kulissen blicken darf

Eine weniger bekannte Aufgabe der Feuerwehren ist der sogenannte Sicherheitswachdienst. Weniger bekannt daher, weil er meist im Verborgenen stattfindet. Zuschauer und Gäste von Konzerten oder Theaterstücken bemerken meist nicht einmal, dass ein aufmerksames Auge über sie wacht. Komplizierte Gesetze und Verordnungen regeln, wann und wie ein Sicherheitswachdienst erforderlich ist. Da geht es um Raumgrößen und Zuschauerzahlen, aber etwas übertrieben ausgedrückt, kann man sagen: Sobald eine Kerze brennt oder eine Zigarre auf der Bühne geraucht wird, ist auch die Feuerwehr im Spiel.

Die Vielfalt der Veranstaltungen und Konzerte ist dabei völlig grenzenlos, von klassischer tibetischer Tempelmusik auf uralten

historischen Originalinstrumenten bis hin zum Vampirfestival unter dem Motto »Sonne ist Krieg« ist alles denkbar; der Autor hat übrigens beides bereits erlebt. Die Aufgaben des Sicherheitswachdienstes beginnen dabei bereits lange vor der Veranstaltung. Es geht darum, Fluchtwege zu sondieren, die Anwesenheit von Sanitätern zu gewährleisten, Brandschutztüren zu bewachen, Bestuhlungspläne und zulässige Zuschauerzahlen zu überprüfen. Natürlich ist man als Sicherheitswachdienst auch während der Veranstaltung anwesend, was manchmal – je nach persönlichem Geschmack – ein Vergnügen sein kann, manchmal aber auch eine Höchststrafe ist. Es ist nicht allzu lange her, da wünschte mir eine Zuschauerin in Kenntnis der Tatsache, dass ich die Veranstaltung bis zum Ende ertragen musste, »Herzliches Beileid«. Unnötig zu erwähnen, dass die Dame die Pause nutzte, um zu verschwinden. Es handelte sich um die moderne Interpretation eines Goethe-Klassikers, in der das Publikum mit ungekochten Nudeln beworfen wurde.

Der Reiz eines Sicherheitswachdienstes ist aber nicht nur die eigene Aufgabe, sondern auch zu beobachten, wie unendliche viele kleine Zahnräder hinter den Kulissen ineinandergreifen, um eine Veranstaltung zum Erfolg bringen. Die logistischen Anforderungen sind zum Teil immens. Organisieren Sie mal den Weltjugendtag der katholischen Kirche mit ungefähr einer Million Besucher – danach wissen Sie, was eine Herausforderung ist und wie viele Toiletten man pro 1.000 Besucher braucht.

Danach wissen Sie auch, wie viele Menschen statistisch zum Zahnarzt müssen, ein Kind gebären oder womöglich versterben. Bei einer Million Gästen ist man jedenfalls auf jede Eventualität vorbereitet.

Sicherheitswachdienst ist oft Routine. Manchmal aber auch eine Aufgabe, die ein breites Kreuz erfordert. Es ist nicht immer einfach, sich gegen Veranstalter und Zuschauer im Sinne der Sicherheit durchzusetzen. Am Ende kommt es allen zugute, aber die Einsicht lässt manchmal zu wünschen übrig. Die Feuerwehr ist nicht vor

Ort, um Veranstaltungen mit Paragrafenreiterei zu verhindern, sie ist vor Ort, damit alle Besucher wieder heil nach Hause kommen.

Weil die Schutzkleidung die Sauna ersetzt

Schwitzen ist für viele Menschen ja das höchste der Gefühle. Ich persönlich kann es mir zwar kaum vorstellen, aber es soll Leute geben, die fühlen sich nur wohl, wenn sie mindestens einmal am Tag im eigenen Saft gestanden haben.

Auch ich habe nichts gegen einen gelegentlichen Saunabesuch einzuwenden. Soll ja gut für den Kreislauf sein. Aber mir persönlich reicht es völlig, wenn ich beruflich manchmal mehrmals am Tag das Vergnügen habe, jedes Deodorant an seine Grenzen zu bringen. Man sollte sich auch nicht wundern, dass es bei der Feuerwehr schon mal heiß werden kann. Sagt ja quasi schon der Name. Dennoch gibt es äußere Umstände, die den ungebremsten Verlust von Flüssigkeit über die Haut weiter begünstigen.

Mit Ausrüstung beladen wie ein Packesel und dabei während körperlicher Anstrengung in moderne Schutzkleidung gesteckt, kommt man nun mal leicht ins Schwitzen. Neueste Textilien schützen zwar vor Flammen, Hitzestrahlung und mechanischen Verletzungen, sie sind aber leider nicht immer so leicht und luftig wie ein Sommerblüschen, obwohl die Werbung dies verspricht. Im Sommer reicht es eigentlich schon, die Montur nur anzulegen, und schon steht man in der eigenen Salzlake. Atmungsaktiv hin oder her – die Kleidung ist einfach besser darin, Hitze von außen nach innen abzuhalten, statt Körperwärme und Schwitzwasser von innen nach außen zu transportieren.

Statt mich zu beschweren, sollte ich der modernen Schutzkleidung dankbar sein. Jacke und Hose bestehen aus verschiedenen

Membranen und Stoffgemischen, die wirklich hervorragend gegen extreme Temperatureinflüsse von außen schützen. Komplettiert wird das Ganze noch durch eine Flammschutzhaube, die auch die letzten freien Hautpartien im Kopf- und Halsbereich abdeckt und schützt.

Die Sicherheit, die moderne Schutzkleidung von heute vermittelt, kann aber auch trügerisch sein. Perfekt eingepackt, nimmt man die Umgebungstemperatur in einem brennenden Raum kaum noch als bedrohlich wahr, aber jede Schutzkleidung hat auch ihre Grenzen. In der Vergangenheit wurden die Kollegen auf natürliche Weise gewarnt – die Ohren lagen frei. Es gab noch keine Flammschutzhauben, was zur Folge hatte: Spätestens wenn die knorpeligen Schalltrichter Blasen warfen, wusste man, dass es Zeit für den Rückzug war.

Die Kollegen von damals mussten sich generell mit weniger effizienter Schutzkleidung zufrieden geben. Helm, Ledermantel, Lederhandschuhe, Hackengurt, schwer entflammbare Hose, Schlupfstiefel, und ab ging die Post! Unter dem Ledermantel wurden sogar teilweise Hemd und Krawatte getragen – kein Witz! Welche Feuerwehrgeneration hübscher ausstaffiert ist beziehungsweise wurde, darüber darf man streiten. Geschwitzt wird damals wie heute, in der heutigen Schutzkleidung allerdings schon ohne jede Anstrengung. Für das perfekte Sauna-Feeling fehlt eigentlich nur noch ein Tropfen Fichtenduftöl unter der Nase.

GRUND NR. 52

Weil die Ausrüstung der Feuerwehr nicht nur aus Schläuchen besteht

Nein, es muss nicht immer brennen, damit die Feuerwehr auf den Plan gerufen wird. Ein wesentlicher Bestandteil der Einsätze widmet sich heutzutage der technischen Hilfe, wobei man sagen muss, dass das eine das andere nicht zwingend ausschließt.

Einsätze im Bereich der technischen Hilfe sind inzwischen wesentlich häufiger als irgendwelche Brandereignisse. Das Aufbrechen von Türen, der Umgang mit gefährlichen Stoffen und Gütern, die Beseitigung von Sturmschäden und die Hilfeleistung bei Überschwemmungen gehören genauso dazu wie die Beseitigung von Ölspuren, Wasserschäden und die patientengerechte Rettung nach Verkehrsunfällen.

Die notwendigen Ausrüstungsgegenstände und Geräte sind dabei so vielfältig wie die Situationen, in denen sie gebraucht werden. In einem handelsüblichen Feuerwehrfahrzeug befinden sich Kettensägen, Trennschleifer, Bohrmaschinen, Akkuschrauber, Tauchpumpen, Stichsägen, Wassersauger, Lüfter, Drahtseile, Hebekissen, Fräsen, Umlenkrollen, Kabeltrommeln, Lampen, Besen, Schaufeln, und noch vieles andere mehr.

Sicher, über diese Geräte verfügen auch viele Hobbyheimwerker zu Hause und haben damit auch schon unzählige Ehefrauen und Nachbarn in den Wahnsinn getrieben. Aber welcher Freizeitschrauber hat sein Equipment schon auf einem Lkw verteilt, der auch noch seine eigene Steckdose ist, über eine Winde verfügt und mit hydraulischen Rettungsgeräten ausgestattet ist.

Dass die Feuerwehr immer gern auf dem neuesten Stand der Technik ist und oft nach modernerer Ausrüstung ruft, ist dabei kein Selbstzweck oder die Befriedigung irgendwelcher Heimwerkergelüste. Die Technik im Alltag hat sich nun mal auch weiterentwickelt. Waren Sie vor 30 Jahren nach einem Verkehrsunfall in Ihrem Auto eingeklemmt, hätte die Feuerwehr Sie wahrscheinlich mit einer billigen Blechschere aus Ihrem Wrack herausschneiden können. Seit mindestens 20 Jahren braucht es dafür schon hydraulische Scher- und Spreizgeräte, und heutzutage müssen ebendiese Rettungsgeräte bei neueren Fahrzeugen sogar mit gehärteten Stählen zurechtkommen, was längst nicht jedes ältere

Modell leisten kann. Wenn man da nicht auf dem neuesten Stand der Technik ist, dann muss man, salopp gesagt, leider draußen bleiben, was im schlimmsten Fall bedeuten kann, dass ein Patient nicht zu retten ist.

Es gibt aber keinen Grund, den Teufel an die Wand zu malen. Sicher: Besser geht immer, aber die Feuerwehren in Deutschland sind im Allgemeinen gut ausgestattet. Bleibt zu hoffen, dass dies auch in Zeiten knapper öffentlicher Kassen immer so bleibt. Ohne qualitativ hochwertige Ausstattung verliert die Feuerwehr nämlich ihre Schlagkraft. Sich mit allen Geräten gut auszukennen und sie im Einsatz schnell und sicher handhaben zu können, ist Aufgabe und auch Herausforderung für jeden Einzelnen, der ins Einsatzfahrzeug einsteigt, um mit diesen Geräten Leben zu retten. Feuerwehr ist eben mehr, als nur Schläuche auszurollen.

Weil die Feuerwehr noch Hierarchien kennt

Hierarchie klingt so, als wären Menschen, die ihren Namen tanzen können, nicht willkommen. Es klingt nach Herrschaft und Autorität. Viele verbinden mit dem Begriff etwas Strenges oder Militärisches, und tatsächlich ist es unwahrscheinlich, dass die Legionen des Alten Rom ohne Ordnung und Struktur so erfolgreich gewesen wären, wie es uns die Geschichtsbücher erzählen.

Aber genau darum geht es: Ordnung und Struktur. Jeder Hühnerstall hat seine Hackordnung, jede Oper ihre Applausordnung, und auch jede Feuerwache braucht eine Dienstordnung.

Dabei sollte man Einsatz- und Wachleben möglichst voneinander trennen. Im Einsatz gilt der Befehl, da kann im Zweifelsfall nicht lange diskutiert werden, ein Feuerwehreinsatz ist schließlich keine Mitgliederversammlung eines Kleingartenvereins. Auf der

Wache geht es schon basisdemokratischer zu, was zum Teil daran liegt, dass die Befehlsgeber im Einsatz auf der Wache nicht zwingend den Ton angeben. Aber auch das Wachleben hat notwendigerweise Grenzen, Regeln und Dienstwege. Aus meiner Sicht hat das viele Vorteile. Klare Strukturen machen die Arbeit effizienter und das Zusammenleben harmonischer.

Eine Hierarchie oder Rangordnung funktioniert nicht nur in eine Richtung. Das heißt: Man weiß genau, an wen man sich mit einem Problem wenden kann. Es gibt das schöne geflügelte Wort: »Melden macht frei und belastet den Vorgesetzten.«

Gott preise, wer einen Vorgesetzten hat. Natürlich muss sich ein Leiter einer Feuerwehr nicht um jedes verstopfte Strahlrohr höchstpersönlich kümmern, aber er sollte per Dienstweg schon darüber informiert sein, was in seinem »Laden« Relevantes passiert und was nicht.

Hierarchie bei der Feuerwehr bedeutet nicht, nach oben zu buckeln, um nach unten zu treten, es geht auch nicht um kleine Diktaturen durch Wachabteilungsführer oder Sachgebietsleiter. Es geht vielmehr um Zuständigkeiten und Verantwortung. Bei der Feuerwehr sind wir nun mal nicht beim »Wunschkonzert«, bei der Feuerwehr sind wir bei »So isses«!

GRUND NR. 54

Weil die Arbeit in der Leitstelle eine echte Herausforderung ist

»Feuerwehr Notruf«. Leitstellenmitarbeiter oder, wie es richtig heißt, Leitstellendisponenten, wissen wohl kaum, wie oft sie diese zwei Worte zu Beginn eines Telefongesprächs schon gesagt haben. Die Leitstelle, oder anders gesagt, der Ort, an dem es klingelt, wenn jemand die 112 anruft, ist quasi das Gehirn der Feuerwehr.

Ein bisschen kann man es tatsächlich mit dem menschlichen Körper vergleichen. Das Gehirn steuert unsere Funktionen und Organe, und die Leitstelle koordiniert die verschiedenen Feuerwehr- und Rettungsdienstkräfte im Einsatz. Je größer eine Einsatzstelle wird und je mehr Einsatzkräfte beteiligt sind, desto wichtiger wird die Aufgabe der Leitstelle. Eine Kiste Zahnräder sind noch kein Getriebe, und irgendjemand muss darauf achten, dass die Organisation stimmt, alle Informationen an der richtigen Stelle ankommen, und dass alles vernünftig dokumentiert wird.

Dabei kann die Leitstelle es selten allen Beteiligten recht machen. Jeder will das Feuer löschen, aber keiner will nachher aufräumen. Disponenten sagen scherzhaft: »Leitstelle wird manchmal mit ›d‹ geschrieben«, und damit haben sie wohl nicht ganz unrecht.

Es ist und bleibt eine Herausforderung, einen kühlen Kopf zu behalten, wenn pausenlos Notrufe eingehen, der Bürgermeister informiert werden möchte, zeitgleich die Presse anruft, und parallel dazu die laufenden Einsätze koordiniert werden müssen.

Es klingt alles ganz einfach: Notruf annehmen und die Feuerwehr hinschicken, das war es doch schon, oder? Wohl kaum! Ein Notruf ist kein normales Telefongespräch. Häufig sind die Anrufer in einer maximalen Stresssituation, manchmal sind sie nicht unserer Sprache mächtig, schon ein Dialekt kann zum Problem werden. Viele Notrufer sind ortsfremd und können kaum beschreiben, wo sie sich befinden, und manchmal gibt es auch Diskussionen, ob der Einsatz der Feuerwehr nun wirklich notwendig ist oder nicht – die Angst vor Gewitter und damit eventuell verbundener Blitzschlag rechtfertigt jedenfalls nicht die Bereitstellung eines Löschfahrzeugs.

Vor der Arbeit in der Leitstelle sollte man größten Respekt haben. Nur weil die Kollegen nicht immer an vorderster Front stehen, ist ihre Arbeit nicht weniger wichtig oder wertvoll. Alle Leitstellenkollegen sind ausgebildete Feuerwehrleute und Rettungsassistenten, schließlich muss man wissen, wovon man während des Notrufs spricht.

Im Laufe der Jahre hat sich die Arbeit stark gewandelt, was nicht heißt, dass sie einfacher geworden ist. Was früher mit einem Stift, einem Blatt Papier und einem Telefon erledigt wurde, braucht heutzutage EDV-Kenntnisse, einen Einsatzleitrechner, sechs Bildschirme und verschiedene Datenbanken.

Das Wichtigste, damals wie heute, ist aber geblieben: Vor allem braucht es das Talent, aus einer Kiste Zahnräder ein Getriebe zu machen.

GRUND NR. 55

Weil die Feuerwehr mein Leben gerettet hat – Martina R. berichtet

Das Leben endet grundsätzlich tödlich, und wir kennen weder Tag noch Stunde. Diese Fakten sollte man schon zu Lebzeiten zur Kenntnis nehmen und sich an jedem einzelnen Tag erfreuen, den man gesund an Geist und Körper verbringen darf.

Es war ein ganz normaler Morgen, gerade begann der Tag, aber nicht die ersten Sonnenstrahlen oder der durchdringende Ton meines Radioweckers hatten mich aus meinen Träumen gerissen, vielmehr war es ein merkwürdiges Knistern, das sich nicht in meine noch vom Halbschlaf getrübte Wahrnehmung einordnen ließ.

Ein ungutes Gefühl überkam mich. Ich beschloss aufzustehen, um der Ursache des Knisterns auf den Grund zu gehen. Noch im Schlafzimmer nahm ich leichten Brandgeruch wahr. Langsam schienen alle meine Sinne wieder ihre Arbeit aufzunehmen. Aber was sollte bei mir brennen?, fragte ich mich, als ich durch die geöffnete Schlafzimmertür blickte und sofort eine Antwort erhielt. Es waren Teile meines Wohnzimmers.

Durch ein gekipptes Fenster züngelten Flammen in meine Wohnung und fanden Nahrung in Form meiner schwedischen Holzrollos.

Rauch breitete sich langsam in den Räumen aus, ich begann zu husten. Dann der verzweifelte Versuch, einen klaren Gedanken zu fassen. Schnell das Fenster schließen!, schoss es mir durch den Kopf.

Das Feuer hatte aber bereits ganze Arbeit geleistet. Der Kunststoffrahmen war schon stark in Mitleidenschaft gezogen, sodass der Versuch, das Fenster zu schließen, kläglich scheiterte. Das energische Zuschlagen war wohl zu viel für das von Flammen beaufschlagte Glas. Gefühlte tausend Scherben verteilten sich auf der Fensterbank und auf dem Fußboden, als das Fenster barst.

Rückzug!, schrie nun mein Überlebensinstinkt, und das war auch gut so. Rauch quoll nun völlig ungehindert in meine Wohnung und füllte binnen Sekunden das gesamte Wohnzimmer. Dass auch den lodernden Flammen nun nichts mehr im Wege stand, wurde mir erst sehr viel später bewusst.

Hustend und würgend rannte ich aus dem Wohnzimmer zurück in den kleinen Flur, der zum Schlafzimmer führte. Geistesgegenwärtig schloss ich die Tür hinter mir und versuchte mit halbwegs sauberer Luft durchzuatmen. Nichts wie raus aus der Wohnung und mich in Sicherheit bringen, dachte ich mir. Ein guter Plan. Mobiltelefon, Portemonnaie, Autoschlüssel und dann nichts wie raus hier. Doch aus der Flucht wurde nichts. Die Haustür hatte ich erst einen minimalen Spalt geöffnet, als mir auch hier beißender Rauch entgegenquoll. Das gesamte Treppenhaus war verraucht. »Scheiße!«, schrie ich mit schriller Stimme, und ein Gefühl von Panik stieg in mir auf.

Selbstständig die Wohnung oder gar das Haus zu verlassen schien unmöglich. Der einzige Raum, in dem ich noch halbwegs sicher war, war das Schlafzimmer. Angst verhinderte das klare Denken, und es verging ein gefühltes Zeitalter, bis ich auf die Idee kam, die Feuerwehr zu rufen. Die Notrufnummer 112 fiel mir gottlob sofort ein.

»Feuerwehr – Notruf, wie können wir Ihnen helfen?«, meldete sich eine eindringliche Stimme. »In meiner Wohnung brennt es! Ich bin eingeschlossen! Überall ist Rauch!«, stammelte ich verzweifelt.

»Wo sind Sie? Wir brauchen Ihren Namen, Ihre genaue Adresse, und bitte beschreiben Sie mir, wo genau im Haus Sie sich befinden«, fragte die Stimme in fast unerträglich routiniertem Tonfall. Nachdem ich Namen, Straße und Hausnummer genannt hatte, erklärte ich ungeduldig: »Meine Wohnung ist im vierten Obergeschoss, wenn Sie die Treppe raufkommen die linke Wohnung!« – »Ist der Raum, in dem Sie sich befinden, sicher und rauchfrei?«, erkundigte sich der Leitstellenmitarbeiter der Feuerwehr weiter, mit nach wie vor ruhiger Stimme. Die Sachlichkeit des Gesprächs trieb mich fast in den Wahnsinn. »Ja, verdammt!«, antwortete ich beinah patzig. »Versuchen Sie, Ruhe zu bewahren. Die Einsatzkräfte sind bereits unterwegs. Es gibt bereits mehrere Anrufe, Hilfe wird bald vor Ort sein. Bleiben Sie in dem Raum, in dem Sie sich derzeit befinden. Man wird Ihnen helfen!«, erklärte die Stimme, als im Hintergrund auch schon die Martinshörner der Feuerwehr zu hören waren. Noch nie hatte ich mich so über ihren Klang gefreut. Wie oft hatte ich den Lärm schon verteufelt, jetzt klang es wie die Trompeten der rettenden Kavallerie – ein Segen.

Es vergingen noch circa zwei Minuten, bis im Haus ein undefinierbares Gepolter zu hören war. Unmöglich zu beschreiben, was geschah, aber dass etwas geschah, war ein wunderbares Gefühl. Wenig später erfolgten dann schwere Schläge gegen meine Tür. Sollte ich jetzt raus und sie öffnen? Die Frage erübrigte sich im selben Augenblick. Zwar konnte ich es nicht sehen, aber es war deutlich zu hören, dass meine Wohnungstür jetzt im Flur lag.

Als Nächstes hörte ich Gepolter in meiner Wohnung, und suchende Rufe ertönten merkwürdig dumpf: »Hallo – Wo sind Sie?« »Hier, hier!«, schrie ich aus Leibeskräften immer wieder, als zwei Feuerwehrmänner in schwerer Schutzausrüstung in mein Schlafzimmer stürmten und eilig die Tür hinter sich schlossen, um möglichst wenig Rauch eindringen zu lassen.

Einer der Feuerwehrmänner öffnete das Fenster und schaute nach draußen, wohl um sich einen Überblick zu verschaffen, während der andere seine Atemschutzmaske ablegte und sich außer Atem, aber dennoch beruhigend an mich wandte: »Bitte bewahren Sie Ruhe, wir werden Sie jetzt nach draußen bringen. Die Wohnung unter Ihnen brennt, und das Feuer hat leider auf Ihre Wohnung übergegriffen. Das Treppenhaus ist sicher. Zum Schutz vor dem Rauch legen wir Ihnen nun eine Fluchthaube an«, erklärte er, während ich nur perplex nickte.

Eine Fluchthaube ist ein komisches Ding, man hat quasi einen dichten Sack über dem Kopf, der am Hals mit einem Gummizug eng anliegt, und in den eine Sichtscheibe und ein Atemfilter eingebaut sind. Nichts, was man lange auf dem Kopf haben möchte, aber eine absolut lebensrettende Erfindung. Die beiden Wehrleute führten mich dann durch den Treppenraum nach unten, ich wurde geführt wie ein Blinder, die Sichtscheibe in meiner Fluchthaube ließ nur schemenhafte Eindrücke zu. Unten angekommen, wurde ich dem Rettungsdienst übergeben, der sich weiter um mich kümmerte und mich versorgte.

Im Nachhinein muss man sagen: Ich habe wohl großes Glück gehabt, dass ich zufällig rechtzeitig wach geworden bin. Die erste Anschaffung in meiner neuen Wohnung waren Rauchmelder, denn man sollte solches Glück nicht einfach dem Zufall überlassen. Meine Wohnung war nach dem Feuer größtenteils zerstört und unbewohnbar. Danach habe ich oft folgende Frage gehört: »Das Schlimmste ist doch der Verlust der persönlichen Gegenstände und Erinnerungen, oder?« – »Ja, das mag sein«, antworte ich dann. Dennoch versuche ich die Sache positiv zu sehen: Ohne Hilfe der Feuerwehr hätte ich meine Wohnung niemals lebend verlassen können. Die Feuerwehr hat mein Leben gerettet, und jetzt habe ich, indem ich lebe, die Chance, für neue Erinnerungen zu sorgen. Danke!

Weil die Feuerwehr auch improvisieren kann

Wer erinnert sich nicht an den US-Serienhelden MacGyver, der zwischen Frühstück und Mittagessen Atomraketen mittels einer Büroklammer entschärfte und ansonsten regelmäßig mit Taschenmesser und Klebeband die Welt gerettet hat. Im richtigen Leben lässt Herr MacGyver leider meistens auf sich warten, und so sieht der in Not geratene Bürger sich gezwungen, die Feuerwehr zu rufen.

Niemandem sei unterstellt, die Feuerwehr leichtfertig zu rufen, schließlich ist die Feuerwehr so etwas wie die letzte Instanz. Nach der Feuerwehr kommt niemand mehr, höchstens die Bundeswehr, es muss also im Rahmen der wie auch immer gearteten Hilfeleistung eine abschließende Lösung gefunden werden.

Nicht selten muss dabei von irgendwelchen Standards abgewichen werden. Mit anderen Worten: »Wenn es so nicht geht, dann geht es eben anders!« Der Transport eines 350 Kilogramm schweren Patienten stellt beispielsweise ein gewichtiges Problem dar, das nicht mit den normalen Rettungstechniken zu bewältigen ist. Da muss schon mal die Hauswand dran glauben, denn das Runde passt nicht mehr durch das Eckige.

Die Feuerwehr hat den Vorteil, dass immer viele Talente vor Ort sind, die in schwierigen Situationen gute Ideen entwickeln können. Abseits der normalen Befehlstaktik ist Kreativität gefragt, es darf und muss improvisiert werden.

Improvisation ist eine Kunst. Zu improvisieren setzt flexibles Denken voraus. Die Maßnahmen, die daraus entstehen, sind manchmal unorthodox, sollen aber, wenn auch fern jeder Vorschrift, trotzdem schnell, sicher und zielführend sein.

Dabei kann Mensch und Material zweckentfremdet werden. Aus einem Schaulustigen wird mithilfe einer Schaufel ein freiwilliger Helfer. Aus einem Verteiler, einem Stützkrümmer und einem Strahlrohr wird ein Wasserwerfer, und mit ein paar B-Schläuchen kann in Ermangelung eines geeigneten Geschirrs ein Pferd aus tiefem Morast gerettet werden. Aber es geht auch dramatischer: Zur Menschenrettung haben Kollegen bei einem Feuer schon acht statt zugelassener vier Steckleiterteile verwendet, um für betroffene Personen einen sicheren Fluchtweg zu schaffen.

Dabei sollte jeder Einsatzkraft eines ganz klar sein: Solange alles gut geht, ist man der Held. Geht etwas schief, darf es keine risikoärmere Alternative gegeben haben. Entscheidungen müssen manchmal unter Zeitdruck getroffen und vermittelt werden. Unglücklicherweise sind einige im Nachhinein immer schlauer und haben viel mehr Zeit, die Situation in einer stressfreien Umgebung zu beurteilen. Improvisation erfordert deshalb auch Mut und gegebenenfalls ein breites Kreuz.

Einsätze verlaufen nicht immer, wie es in den Lehrbüchern steht. Dass es immer wieder Lösungen neben den ausgetretenen Pfaden der Standards, Arbeitsanweisungen und Leitlinien gibt, beweist das Improvisationstalent der Feuerwehr – es hat schon viele Leben gerettet.

Weil Einsätze auch Spaß machen

Feuerwehrleute erfreuen sich nicht am Leid und Unglück anderer. Aber es ist nun mal so in unserer Welt, dass Dinge geschehen, die den Einsatz der Feuerwehr notwendig machen.

Ob Feuer oder Verkehrsunfall, persönlich werde ich lieber von Menschen gerettet, die eine Form der Begeisterung für das empfinden, was sie tun, als von Menschen, die lustlos und unmotiviert eine Pflicht erfüllen.

Feuerwehrleute sind ein besonderer Schlag Mensch. Die meisten sind aus dem gleichen Holz geschnitzt, es sind die Abenteurer und Waghalsigen unserer Zeit – und nicht die Erbsenzähler.

Feuerwehrleuten geht es auch um die Herausforderung bei ihrer Arbeit. Es mag für die meisten Menschen befremdlich klingen, aber es ist eine Befriedigung, ein Feuer unter widrigsten Bedingungen zu löschen. Der Keller ist eng, verwinkelt, die Sicht ist gleich Null, es ist unbekanntes Terrain, es ist verraucht und heiß, und es liegt nur in Händen des Angrifftrupps, dafür zu sorgen, dass nicht das ganze Haus abbrennt.

Wenn man das geschafft hat, empfindet man Befriedigung, obwohl man weiß, dass irgendjemandem vielleicht die geliebte Kiste mit Kindheitserinnerungen verbrannt ist und derjenige nun einen Verlust empfindet – doch man hat Schlimmeres verhindert.

Bei einem Verkehrsunfall mit eingeklemmten und schwerverletzten Personen ist es ähnlich. Natürlich sind der Unfall und die eventuellen Folgeschäden tragisch. Aber die anwesenden Feuerwehrleute haben den Unfall nicht verursacht, ihr Fokus liegt auf der Rettung der Opfer. Verletzte aus dem Fahrzeugwrack herauszuschneiden und sie aus ihrer Zwangslage zu befreien, um sie anschließend dem Rettungsdienst zu übergeben, das ist die Aufgabe der Feuerwehr. Wenn das reibungslos in einem angemessenen Zeitfenster geschieht, darf man auf seine Arbeit stolz sein und Spaß daran haben, denn man hat für den Betroffenen alles Menschenmögliche gegeben. Realitätsferne Moralapostel mögen über den Spaß im Einsatz bei der Feuerwehr lamentieren. Schlimm wäre es, wenn auf jeder Anfahrt zur Einsatzstelle im Löschfahrzeug das Gefühl von Trauer und Verzweiflung herrschen würde.

Weil die Feuerwehr meinen Keller leergepumpt hat – Robert L. erzählt

Es war ein heißer Tag im Juni, als das kleine Rinnsal namens »Sülpe« sich entschlossen hatte, über die Ufer zu treten. Was der Rhein oder die Elbe können, das kann ich schon lange, wird das Bächlein sich gedacht haben, als ein lokaler Starkregen die passende Gelegenheit bot.

Wo normalerweise nur mit Glück die Füße nass werden, schob sich nun eine kraftvolle braune Brühe durch ein nicht vorhandenes Flussbett und machte sich daran, benachbarte Flächen zu überfluten.

Mein kleiner Gemüsegarten, der zur Sülpe hin abfiel, war schon länger nicht mehr zu sehen, und auch der angrenzende Ziergarten hatte sich bereits in eine Unterwasserlandschaft verwandelt. Man will es ja nicht wahrhaben! Irgendwann muss der Spuk doch ein Ende haben, schließlich hatte es doch schon aufgehört zu regnen! Die Sülpe schwoll aber weiter an und schien fest entschlossen, zur Schifffahrtsstraße zu mutieren.

Um 16:15 Uhr erreichte die Brühe mein Haus, und nicht nur mir erging es so, die gesamte Nachbarschaft war ebenfalls betroffen. So gut wie niemand war vorbereitet. Haben Sie gefüllte Sandsäcke im Haus? Ich nicht. Wir sind doch nicht im Krieg!

Das Wasser aber fand seinen Weg. Der Abgang zum Keller war wie ein roter Teppich für die Flut. Es dauerte keine halbe Stunde, da stand das Nass auf 80 Quadratmetern 20 Zentimeter hoch und ruinierte Möbel und Böden.

Gott sei Dank war die Feuerwehr von Anfang an vor Ort. Die Sintflut hatte sie nicht verhindern können, wie auch? Aber zumindest war Hilfe da, die bereit war, mit anzupacken. Zeitgleich wurden Wertgegenstände in den Häusern gesichert und Pumpen in Stellung gebracht. Nicht allen konnte sofort geholfen werden. Der örtliche Zugführer der Wehr hatte unmittelbar Verstärkung angefordert, weil er einsehen musste, dass er hier allein machtlos war.

Wenig später sah die Straße aus wie das Ausstellungsgelände eines Herstellers für Feuerwehrfahrzeuge. Ich glaube, ich habe 20 rote Autos gezählt, aber die Masse zeigte auch Wirkung. Gegen 19:00 Uhr entspannte sich die Lage schließlich. Das Wasser der Sülpe ging langsam zurück, Gärten kamen wieder zum Vorschein, und man konnte zusehen, wie der Wasserstand in den Kellern mithilfe der starken Feuerwehrpumpen sank. Allein die Vorstellung, die Wassermassen nur mit Eimern wieder nach draußen befördern zu müssen, versetzt mich heute noch in Panik. Die Kollegen der Feuerwehr haben wirklich ihr Bestes gegeben, sie haben nicht nur die Pumpen arbeiten lassen, sondern mit Wassersaugern und Abziehern selbst Hand angelegt, um so viel Wasser wie irgend möglich aus den Kellern zu schaffen.

Sicher, es gab Sachschäden. Möbel, Bodenbeläge, Teppiche und der Inhalt vieler Kartons sind nun Sperrmüll, aber niemand ist ernsthaft verletzt worden, und das Schlimmste war nach wenigen Stunden überstanden. Dass ich heute nicht bei jedem Regen dem Nervenzusammenbruch nahe bin, liegt daran, dass ich mir ein paar Sandsäcke besorgt habe, und dass ich weiß, dass ich mich auf die Hilfe der Feuerwehr verlassen kann. Danke!

GRUND NR. 59

Weil die Feuerwehr
auch den Umweltschutz im Blick hat

Unsere Umwelt zu schützen wurde 1994 sogar im Grundgesetz verankert. Für die Feuerwehren war das Thema aber auch schon vorher tagtäglich präsent.

Seit es die Problematik gibt, kümmert sich die Feuerwehr um Gefahren, die aus dem Umgang mit gefährlichen Stoffen und Gütern entstehen. Dabei spielt es keine Rolle, ob deren Ursprung atomar, biologisch oder chemisch ist. Wenn es bei der Herstellung, der Lagerung oder dem Transport zu Unglücken oder ungewollten Ausbreitungen kommt, sind die Feuerwehren an vorderster Front.

Das Aufgabenspektrum ist dabei extrem komplex. Schadstoffmessungen müssen vorgenommen, gegebenenfalls muss evakuiert werden, giftige, ätzende oder strahlende Stoffe müssen aufgenommen und Leckagen abgedichtet werden, Einsatzkräfte und andere Personen dekontaminiert werden – und vieles, vieles mehr. Dabei geht es nicht nur darum, Menschen zu schützen, sondern auch die Belastung und Verseuchung von Boden, Luft und Wasser so gering wie irgend möglich zu halten.

Egal ob es um illegal entsorgten Sondermüll geht, eine Ölpest im Industriehafen beherrscht werden muss, oder ein Tanklastzug mit giftiger Ladung auf der Autobahn verunglückt ist, die Feuerwehr sorgt neben vielen anderen mit dafür, dass sich auch morgen der Spaziergang durch die Natur noch lohnt.

GRUND NR. 60

Weil die Feuerwehr sich auch um Ölspuren kümmert

Die Einsatzstelle aufzuräumen und vielleicht sogar mit dem Besen zu kehren gehört sicherlich zu den unspektakuläreren Aufgaben im Feuerwehrleben.

Zu Beginn meiner Feuerwehrlaufbahn war ich gemeinsam mit einem erfahrenen Kollegen auf einer Bundesautobahn damit beschäftigt, nach einem Unfall Ölbindemittel zu einem Haufen zusammenzukehren, als dieser sich unvermittelt, aber mit väterlichem Ton an mich wandte: »Schau dir den Besen in deinen Händen genau an, lerne damit umzugehen! Den Besen hast du in den nächsten 30 Jahren mindestens genauso oft in der Hand wie Feuerwehraxt und Strahlrohr.« Erst viele Jahre später habe ich begriffen, was der Kollege mir eigentlich sagen wollte.

Vielleicht sind Sie an jenem Tag, nur Minuten vorher, auf der Autobahn an mir vorbeigefahren und haben sich über den stockenden Verkehr geärgert. Jeder Autofahrer kennt die Situation. Von drei Fahrspuren sind zwei gesperrt, und die liebe Feuerwehr steht abseits in der Gegend rum und tut nix.

Die Feuerwehr steht aber nicht freiwillig herum, sondern muss mit Aufräumarbeiten warten, bis die Unfallstelle von der Polizei dokumentiert wurde und Abschleppwagen ihr Werk vollbracht haben. Erst dann kann die Feuerwehr sich um Trümmerteile kümmern und Ölspuren und andere auslaufende Betriebsstoffe beseitigen.

Mein Kollege hat recht behalten. Ich kehre öfter, als ich lösche, und es stimmt: Das Kehren an sich ist weniger aufregend und spektakulär als das Löschen, es ist aber nicht weniger wichtig. Denn der Satz »Wer gut schmiert, der gut fährt« gilt nicht mehr, wenn das Motoröl ein Fahrzeug unplanmäßig verlassen hat. Dann ist es nämlich wieder so weit. Die Straße ist gesperrt, und die Feuerwehr kommt mit dem Besen.

GRUND NR. 61

Weil man mit Blaulicht fahren darf

Blaulicht hat viele faszinierende Facetten. Fragen Sie mal Schaulustige, die sind quasi die Motten des Blaulichts. Oder blicken Sie in Kinderaugen, wenn ein Feuerwehrauto mit blauen Lampen vorbeifährt. Selbst Kollegen sind fasziniert. Einer hat auf meine während einer nächtlichen Alarmfahrt gestellte Frage »Wieso bist du eigentlich zur Feuerwehr gegangen?« geantwortet: »Weil sich das Blaulicht so schön in den Fenstern der Häuser spiegelt.« Zwar glaube ich nicht, dass die Antwort vollkommen ernst gemeint war, aber sein sanfter Tonfall und sein melancholisch verklärter Blick zeigten mir doch, dass die besondere Aura von blauem Licht beziehungsweise blauem Blinklicht ihn gänzlich gefangen genommen hatte. – Vielleicht war er aber auch einfach nur hundemüde und von meiner Frage genervt.

Spaß beiseite. Auch wenn blaues Licht in der Farb-Licht-Therapie eine beruhigende Wirkung haben soll, bei der Feuerwehr ist es dazu gedacht, die Umwelt zu warnen und aller Welt zu zeigen: Die Feuerwehr ist im Einsatz.

Um eine Illusion gleich zu zerstören: Es ist nicht immer nur ein Vergnügen, mit Blaulicht übers Land zu fahren, denn die Zeiten haben sich geändert. Verkehrsteilnehmer von heute kennen nur noch zwei mögliche Reaktionen auf die Begegnung mit einem blau blinkenden Fahrzeug. Erstens: vollkommene Überforderung, oder zweitens: vollkommene Ignoranz. Statt ruhig und besonnen mit der notwendigen Vorsicht bei nächster Gelegenheit Platz zu schaffen, wird entweder ohne Vorwarnung bei voller Fahrt eine Vollbremsung hingelegt, in Panik die Leitplanke gerammt oder umgekehrt das Feuerwehrfahrzeug überholt, geschnitten und ausgebremst. Höchstpersönlich habe ich bereits das Fahrzeug eines jungen Mannes beiseite setzen müssen, der nach unserem Erscheinen in seinem Rückspiegel an einer Ampel sein Auto abgewürgt hat und anschließend nicht mehr in Lage war, es zu starten, um weiterzufahren und uns Platz zu machen.

Wundern darf man sich allerdings nicht. In der Führerscheinausbildung müssen Sie schon ausgesprochenes Glück haben, um in den paar Fahrstunden einem mit Blaulicht fahrenden Feuerwehrfahrzeug zu begegnen, und in der Theorie wird dem Thema maximal eine Viertelstunde gewidmet.

Die Tatsache, dass man keine Geldbuße beziehungsweise Geldstrafe zahlen muss, wenn man während einer Blaulichtfahrt geblitzt wird, ist ein schwacher Trost, wenn man weiß, dass man während dieser Fahrten einem vielfach höheren Unfallrisiko ausgesetzt ist als der Rest der Verkehrsteilnehmer. Auch wenn eine straffrei überfahrene rote Ampel die Kollegen innerlich lächeln lässt; in Feuerwehrkreisen herrscht Einigkeit, dass das unfallfreie Erreichen der Einsatzstelle das Allerwichtigste ist und bleibt. Den paar schwarzen Schafen, hier und da auch »Blaulichtrambos« genannt, die glauben, dass blaues Blinklicht und Vollgas zwingend zusammengehören, möchte ich folgenden Dialog aus einem allgemein bekannten Actionfilm mit auf den Weg geben:

»Wozu ist das?«

»Das ist blaues Licht!«

»Und was macht es?«

»Es leuchtet blau!«

Zu Beginn einer Feuerwehrlaufbahn mag es wirklich etwas Besonderes sein, mit Blaulicht durch die Gegend fahren zu dürfen, später wird daraus Routine – und das ist auch gut so. Dass ich auch nach über 15 Jahren im Blaulichtgewerbe bei straffrei überfahrenen roten Ampeln immer noch lächeln muss, bezeichnet wohl meine persönliche Faszination für das blaue Licht.

GRUND NR. 62

Weil Tierrettung
ein Quell der Freude ist (Teil 2)

Nehmen Sie die kleine Entenfamilie auf den Straßenbahnschienen als Beispiel. Ein Zugführer mit Herz war nicht einfach darüber hinweggebraust – nein, er zockelte sehr langsam hinterher, als eine Entenmama mit sechs jungen Entchen selbstbewusst vor ihm durchs Gleisbett watschelte. Das sich bildende kleine Verkehrschaos wurde von der Bevölkerung gebührend gefeiert. Straßenbahnen stauten sich zurück und blockierten dreispurige Kreuzungen, auch hier staute sich sofort der Verkehr, sodass ungefähr 500 Autofahrer vor Begeisterung hupten und mindestens genauso viele Fahrgäste der Straßenbahnen vor Freude grölten und ihre geballten Fäuste in den Himmel reckten. Von Passanten alarmiert, sammelten mein Kollege Hein und ich die Entenfamilie ein, und obwohl sie der Fahrtrichtung der Linie 13 zum Flughafen folgten, was auf eine Fernreise schließen lässt, brachten wir die schnatternde Bagage zu einem innerstädtischen Weiher, wo sie zur Belohnung von ein paar Senioren sofort mit ganzen Brötchen beworfen wurde.

Nie werde ich das Glück von Frau Schmitz vergessen, als wir feststellten, dass »Tommy«, die Miezekatze der Familie, nicht unter einer umgestürzten Kommode zerquetscht worden war, sondern sich innerhalb einer der Schubladen befand, als das Unglück geschah. Selbst die Tatsache, dass Tommy höchstwahrscheinlich sogar Auslöser der Ereignisse war, indem er wohl auf die Kante einer geöffneten Schublade gesprungen war und somit die Kommode selbst zum Kippen brachte, konnte Frau Schmitz nicht dazu bringen, ihrem Kater böse zu sein. Im Gegenteil: Dafür, dass der Stubentiger jetzt nur noch über sechs statt sieben Leben verfügte, gab es erst mal ein leckeres Stück Putenbrust.

Mit Gras begnügen musste sich ein Pferd, das den Tierrettungswagen etwas überfordert hatte. »Black Beauty« hatte sich des Nachts zu einem Ausflug entschlossen. Die heimische Koppel war wohl trist und fad, die nahe gelegene Hauptverkehrsstraße roch dagegen nach Abenteuer. Wären nicht Hanni und Nanni vorbeigekommen, es hätte wohl am nächsten Sonntag Sauerbraten gegeben. Das Pferd trabte unbeleuchtet auf der linken Spur, als es gerade noch rechtzeitig die Aufmerksamkeit von zwei pferdeeuphorischen jungen Damen erregte. Die beiden reagierten hervorragend, indem sie das Tier an den rechten Fahrbahnrand brachten, es festhielten und ihren Pkw dahinter mit eingeschaltetem Warnblinklicht abstellten. Als Hein und ich eintrafen, gab es eigentlich nur noch ein Problem: Wohin mit »Black Beauty«? Finden Sie mal nachts um drei Uhr jemanden, der Ihnen ein Pferd abnimmt! Da streiken sogar Tierheime. Und selbst wenn Sie jemanden hätten, wie kommt das Pferd dorthin? In unserem zum Tierrettungswagen umgebauten Kleintransporter hätte schon jedes Pony berechtigte Platzangst. Die hinzugezogene Polizei hatte auch keine Lösung, und da der Möchtegern-Lipizzaner standhaft keinerlei Angaben zur Herkunft machte, war auch ein Besitzer nicht zu ermitteln. Am Ende wurde »Black Beauty« von Hein durch das geöffnete Fenster der Beifahrertüre am Halfter gehalten und in Schrittgeschwindigkeit und mit Polizeieskorte zur Feuerwache verbracht. Die Kollegen fühlten sich vermutlich ins 19. Jahrhundert versetzt, als Dampfspritzen der Feuerwehr noch von Pferden an die Einsatzstellen gezogen wurden. Jedenfalls war das Staunen am Morgen groß, dass die Wache über Nacht zum Gestüt geworden war. Der dankbare Besitzer meldete sich am nächsten Tag und holte die Haferlokomotive mit geeignetem Gerät wieder ab.

Leider nicht mehr abgeholt wurde ein ganz toller Mischlingsrüde, den Hein und ich ins Tierheim bringen mussten. Gerade vielleicht vier Monate alt, leckte er Hein dankbar die Hand, als er ihn aus der klirrenden Kälte befreite. Es war die klassische Scheiße nach Weihnachten, wenn die ach so tollen Tierfreunde feststellen, dass der aus Südeuropa gerettete Hundewelpe nach den Tagen plötzlich Arbeit macht. Dann wird das Weihnachtsgeschenk eben an einem abgelegenen Parkplatz ausgesetzt, und der Junge kriegt halt doch den Chemiebaukasten.

Hein brach es das Herz, und als der hübsche, aber undefinierbare Mischling nach einem Monat immer noch im Tierheim brummen musste, machte Hein ihm und sich das größte Geschenk. Auf meine Frage, ob er sicher sei, das Richtige zu tun, antwortete Hein mit einem Zitat von Franz von Assisi: »Dass mir mein Hund das Liebste sei, sagst du, oh Mensch, sei Sünde, mein Hund ist mir im Sturme treu, der Mensch nicht mal im Winde.«

Weil man als Feuerwehrmann in viele gesellschaftliche Abgründe blicken darf

Eine die lokale Mundart pflegende Band aus dem Rheinland singt so treffend:»Nit resigniert, nur reichlich desillusioniert, e bessje jet hann ich kapiert!« Eine Übersetzung ins Hochdeutsche ist, denke ich, nicht notwendig; dem geneigten Leser dürfte klar sein, was die Textzeile sagen möchte.

Auch mit viel Mühe könnte ich das alltägliche Handeln und Tun meiner Mitmenschen nicht besser beschreiben. Wenn man mit offenen Augen und Ohren durch die Welt geht, wird man zwangsläufig desillusioniert; wenn man als Feuerwehrmann durch die Welt geht, geschieht es vielleicht noch etwas gründlicher.

Die Feuerwehr und der Rettungsdienst dringen in nahezu jeden Lebensbereich vor. Notfälle fragen nicht, ob es gerade passt, sie ereignen sich zu jeder möglichen und unmöglichen Gelegenheit. Dieser Überraschungseffekt führt dazu, dass man die Menschen sehr pur und unverfälscht erleben darf, es zeigt aber auch, dass wir keinesfalls in einer heilen Welt leben.

Bei der Unterstützung des Rettungsdienstes fanden wir einen circa 55-jährigen chronischen Asthmatiker mit Luftnot im Bett liegend. Das Gesicht vom Sauerstoffmangel blitzeblau gezeichnet, wird erst mal kräftig an der Kippe ohne Filter gezogen. Unnötig zu erwähnen, dass der Aschenbecher seit Wochen wegen Überfüllung geschlossen ist und seitdem der Teppichboden als unwürdiger Ersatz dient.

Aber was soll es, jeder ist schließlich für sich selbst verantwortlich. Viel tragischer wird es, wenn andere die Verantwortung stellvertretend übernommen haben.

Als pflegebedürftiger Senior sind Sie zwar der soziale Mittelpunkt der Familie, aber spätestens in der Urlaubszeit werden Sie lästig. Wenn Sie es gut erwischt haben, wird die Kurzzeitpflege irgendeiner Pflegeeinrichtung genutzt. Wenn das den Lieben zu kostspielig ist, kommen Sie eben so lange ins Krankenhaus – ach was, Krankenhaus, so schlimm sind Sie nun auch wieder nicht dran.

Ein durchaus geistig fideler Großvater hat mir mit gebrochener Hüfte sehr farbenfroh geschildert, dass er aus eben genanntem Anlass gerade aus dem Pflegebett gefallen ist, na ja, eher gefallen wurde.

Messie-Wohnungen kennen wir ja dank diverser pseudosozialer Renovierungssendungen im Fernsehen zur Genüge. Gott sei Dank wissen aber nur die wenigsten von uns, wie es dort manchmal riecht.

Apropos Geruch, der Nachbar wird ja auch erst vermisst, wenn dicke schwarze Fliegen aus dem Briefschlitz geflogen kommen.

Oder häusliche Gewalt in allen Facetten: Sie werden nicht glauben, wie oft der Ehemann verprügelt wird.

Die Nachbarn haben das größere und schönere Haus gebaut? Macht ja nix, dann wird es eben angezündet, wenn die Bonzen mal wieder auf Mallorca Urlaub machen.

Brennende Kinderwagen im Treppenhaus sind auch nur ein Hilfeschrei militanter Rentner. Irgendeiner muss diesen neureichen Heiteita-Eltern doch klarmachen, dass Ballspielen im Hof auch in Zukunft verboten sein wird.

Solche und eine Vielzahl anderer Einsätze lassen mich manchmal darüber nachdenken, in welcher Gesellschaft wir leben. Sie lassen mich darüber nachdenken, wie ich meine Zeit verbringen möchte, und vor allem mit wem. Diese Einsätze lassen mich aber auch erkennen, dass ich mich in einer sehr privilegierten Lebenssituation befinde – und dass man sehr aufmerksam mit seiner Umwelt umgehen sollte.

»Nit resigniert, nur reichlich desillusioniert, e bessje jet hann ich kapiert!« Ich bin meinem Beruf sehr dankbar, dass ich in viele Abgründe schauen darf, ohne selbst hineinzustürzen.

Weil bei der Feuerwehr auch
Teddybären zum Einsatz kommen

Es ist Sonntagnachmittag, 15:15 Uhr. Die halbe Wohnung ist ausgebrannt und guter Rat teuer. Die Ursache des Feuers ist schnell geklärt. Der zehnjährige Patrick hat wissenschaftliche Versuche mit Feuerzeugbenzin und Streichhölzern durchgeführt, die leider etwas außer Kontrolle geraten sind.

Die Eltern waren nur eine halbe Stunde mit dem Hund raus. Aber diese Zeit hat dem Feuer gereicht, nicht nur Patricks Zimmer in Schutt und Asche zu legen, sondern auch das angrenzende Kinderzimmer seiner kleinen Schwester Jennifer erheblich in Mitleidenschaft zu ziehen. Ken und Barbie sind geschmolzen, die Hello-Kitty-Bettwäsche ist nicht mehr als solche zu erkennen, und auch der kuschelige Samson hat Brandverletzungen davongetragen, die mit dem Leben eines Stoffbären nicht vereinbar sind.

Aber alles halb so schlimm. Die Eltern sind überglücklich, dass es ihren Kindern gut geht. Beide waren klug genug, keine waghalsigen Löschversuche zu unternehmen, sondern haben sich in Sicherheit gebracht und beim Nachbarn die Feuerwehr gerufen. Der Rest ist Sachschaden – den kann man ersetzen. Patrick macht ein verzagtes Gesicht. Nicht nur, dass sein Experiment in die Hose gegangen ist und er ein neues Labor braucht, er ahnt auch schon den Ärger, der auf ihn zukommt, sobald der Rauch sich vollständig verzogen hat.

Die kleine Jennifer hingegen kauert auf dem Bordstein und weint die bitteren Tränen einer Sechsjährigen. Sie wurde vom Feuer mit voller Wucht getroffen. Obwohl sie nichts falsch gemacht hat, gingen ihre größten Schätze trotzdem verloren.

Die Feuerwehr hatte schnell und erfolgreich gearbeitet. Die Kollegen packten schon ihr Zeug zusammen und machten sich zum Abmarsch fertig, als die kleine Jennifer Heins Aufmerksamkeit erregte. Er entnahm aus einem der Gerätefächer eine mittelgroße Plastiktüte und setzte sich neben Jennifer auf den Bordstein. Er flüsterte ihr etwas ins Ohr und ließ sie dann in die Tüte schauen. Jennifer blickte ihn an, als wäre ihr der Weihnachtsmann persönlich erschienen, dann gab Hein Jennifer den Inhalt der Tüte, und aus kummervollen wurden Freudentränen.

Hein hatte ihr einen Teddybären geschenkt. Er hört auf den Namen Florian und will mal Feuerwehrbär werden. Außerdem kann er ganz hervorragend kleine Mädchen trösten, die gerade ihren Lieblingsbären verloren haben. Samson kann man nicht zurückbringen, aber mit Florian ein wenig Trost schenken. Merke: Neben allen Schläuchen, Äxten und Strahlrohren sollte auch ein Teddybär auf keiner Beladeliste fehlen.

KAPITEL 6

KOLLEGIALES UND KAMERAD- SCHAFTLICHES

Weil man internationale Freunde haben kann

Sind Sie auch Mitglied in einem sozialen Netzwerk im Internet? Wenn nicht, gehören Sie ja schon zu den Exoten und Aussteigern. Den absoluten Durchbruch hat in diesem Gewerbe wohl Facebook geschafft. Nach Erreichen einer kritischen Masse haben die Freundschaftslisten die eigene provinzielle Nachbarschaft verlassen und Land für Land die ganze Welt erobert. Nach ein paar Jahren Mitgliedschaft und zehn Pauschalreisen, in denen man fleißig seine eigenen Personalien über den Globus verbreitet hat, ist man ruck, zuck mit 2.000 Menschen befreundet, von denen man höchstens 30 wirklich persönlich kennt. Aber es macht halt Eindruck, wenn man öffentlich mit der hübschen Song Wa aus dem Massagetempel »Royal Eden« in Phuket, Thailand befreundet ist, obwohl die Gute eigentlich keiner Fremdsprache mächtig ist.

Bei der Feuerwehr ist es ganz ähnlich. Man hat jede Menge Freunde, die man gar nicht kennt. Allerdings hat die Feuerwehr von Zeit zu Zeit das Bestreben, dies zumindest ansatzweise zu ändern, schließlich ist die Feuerwehr eine große Familie, und seine eigene Verwandtschaft sollte man wohl kennen.

Eine lobenswerte Mode in diesem Zusammenhang ist der Austausch von Feuerwehrkollegen im Rahmen von Städtepartnerschaften. Gegenseitige Besuche der Delegationen brachten die Idee hervor, Kollegen für mehrere Wochen auszutauschen, um sich besser kennenzulernen und auch voneinander zu lernen.

Dabei wird meist schnell klar, dass die Probleme überall auf der Welt ähnlich sind, oder dass man selbst gar keine hat. Die Tatsache, dass die Kollegen nicht in Hotels, sondern bei Gastfamilien untergebracht sind, gibt dem Ganzen eine persönliche und zwischenmenschliche Note, die genauso wertvoll ist wie alle dienstlichen Erkenntnisse.

Bei diesem »Frauentausch« für Feuerwachen entstehen Freundschaften, die nicht nur von Dauer, sondern auch von Nutzen sind. Getreu dem Motto »Man kennt sich – man hilft sich!« unterstützen sich Feuerwehrkollegen über Landesgrenzen hinweg gegenseitig bei Waldbränden, Überschwemmungen und ähnlichen Szenarien. Die Bereitschaft hierzu wäre wohl weit weniger hoch, wenn man vorher noch nie Kontakt miteinander gehabt hätte.

Noch ein paar kleine Tipps für die nächste Reise: Früher brachten die Europäer Wolldecken und Glasperlen mit nach Übersee, als Gastgeschenke von heute sind in Feuerwehrkreisen T-Shirts und Aufnäher wesentlich beliebter. Feuerwachen freuen sich in aller Regel über Besuch. Um den Dienstbetrieb nicht zu stören, sollte man sich aber auch bei spontanen Besuchen vorher anmelden; als Kollege ist man aber eigentlich immer willkommen. Bitte niemals mit irgendwelchen Einsätzen prahlen, und auch bitte nicht als reicher Europäer in Ostafrika mit der eigenen Ausrüstung angeben!

Es ist ganz wunderbar, dass es überall auf der Welt Türen gibt, an die man klopfen kann und hinter denen eine nette Begegnung und eine heiße Tasse Kaffee oder Tee warten. Die Feuerwehr ist eben ihr eigenes internationales Netzwerk, und außerdem gibt es bei Facebook keinen Kaffee oder Tee.

Weil immer das Team zählt, mer kumme met alle Mann vorbei

Ein Feuerwehrmann kommt selten allein. Als Gruppe oder als Team kann man einfach mehr ausrichten. Auch wenn für Außenstehende manchmal der Eindruck entstehen kann, dass die Feuerwehr gern mit möglichst vielen Stiefeln das Feuer austreten würde – hinter der Mannschaftsstärke steckt zumeist System.

Niemand will abstreiten, dass die örtlichen Feuerwehren manchmal mit zwei oder drei Fahrzeugen zu viel am Einsatzort aufschlagen und vorher eine Sternfahrt durch das halbe Stadtgebiet stattgefunden hat. Aber nachher ist man immer schlauer, und bis man weiß, was wirklich los ist, gilt die Devise: Lieber einer zu viel, als einer zu wenig.

Natürlich löscht schlussendlich nur ein einzelner Kollege das Feuer, damit genau das aber reibungslos und unfallfrei passieren kann, müssen hinter ihm viele Zahnräder ineinandergreifen. Die Einsatzstelle muss abgesichert werden, eine ausreichende Wasserversorgung muss aufgebaut werden, Lüftungsmaßnahmen müssen vorbereitet werden, Kollegen müssen als Sicherheitstrupp bereitstehen und je nach Einsatzlage noch vieles mehr.

In den Abendnachrichten des öffentlich-rechtlichen Lokalsenders wird es aber nicht heißen: »Der Brandmeister Rolf B. aus K. hat am heutigen Abend eigenhändig und heldenhaft das letzte Glutnest in der Brandwohnung im Dachgeschoss eines Mehrfamilienhauses mittels C-Rohr abgelöscht«, sondern vollkommen zu

Recht wird die gesamte Löschgruppe lobende Erwähnung finden. Es ist wie beim Mannschaftssport: Das Team hat gewonnen und nicht ein einzelner Spieler.

Die Feuerwehr kann nur dann erfolgreich sein, wenn alle zusammenarbeiten, wenn jeder weiß, worin seine Aufgabe besteht, und auch jeder weiß, worin die Aufgaben der anderen Kollegen bestehen. Wenn dieses Wissen nicht vorhanden ist, kann man nicht als Team arbeiten und sich gegenseitig auch nicht unterstützen.

Allein richtet man bei der Feuerwehr nun mal nicht viel aus. Egomanen und notorische Einzelgänger sind fehl am Platz, und was für den Beruf oder die Arbeit bei der freiwilligen Feuerwehr gilt, das gilt auch für die Freizeit.

Im Rheinland sind die »Höhner« recht bekannt, eine passende Textpassage in einem ihrer Lieder lautet: »Mer kumme met alle Mann vorbei!«, und so sind nicht nur im Einsatz möglichst viele Kollegen gern vor Ort, sondern auch bei angenehmeren Gelegenheiten wie zum Beispiel Geburtstagsfeiern, Dienstjubiläen und Feuerwehrfesten.

Feiern und Feuerlöschen haben übrigens eines gemeinsam: Beides ist Teamarbeit und macht nur in der Gruppe wirklich Spaß.

Weil die Kollegen ab und zu in den Abendnachrichten zu sehen sind

Es gibt Menschen, die wollen unbedingt ins Fernsehen und würden wirklich alles dafür tun, um einmal auf der Mattscheibe zu sehen zu sein. Das beste schlechte Beispiel dafür stellt das Nachmittagsprogramm einiger Privatsender dar, in dem Darsteller und Zuschauer den Unterschied zwischen Dokumentation der Realität und zynischer Satire schon fast boshaft verschwimmen lassen.

Feuerwehrangehörige haben es da einfacher. Man muss absolut nichts dafür tun, um Teil des Fernsehprogramms zu werden. Im Gegenteil: Das geschieht vollautomatisch, selbst wenn man es gar nicht will. Rasende Reporter und mit Smartphones bewaffnete Schaulustige lauern überall und sorgen dafür, dass die Präsenz der Feuerwehr in den Medien niemals abreißt.

Zugegeben, es gibt auch durchaus Kollegen, die sich, sobald eine Kamera auftaucht, in einen schillernden Feuerwehrpfau verwandeln, um anschließend möglichst oft durchs Bild zu stolzieren in der Hoffnung, abends Teil der Lokalnachrichten zu sein. Alles in allem bleiben diese Kollegen aber die Ausnahme.

Der Umgang der Feuerwehren mit den Medien ist in den letzten Jahren zunehmend professioneller geworden. Gut geplante TV-Dokumentationen, die die Arbeit und den Alltag von Feuerwehrkollegen realistisch beleuchten, haben unscharfe und reißerische Machwerke abgelöst. Interviews werden inzwischen von geschulten Pressesprechern gegeben, anstatt dem nächstbesten Zugführer ein schaumstoffummanteltes Mikrofon ins Gesicht zu drücken. Diese Entwicklung sollte man dankbar zur Kenntnis nehmen, auch wenn der Fernsehwelt aufgrund der Professionalisierung ein paar wirklich amüsante Momente entgehen werden.

Was haben sich da früher für schöne Szenen abgespielt: Zugführer, die versuchten, sich im Angesicht einer Kameralinse noch schnell die Haare richtig zu legen, obwohl sie einen Helm auf dem Kopf hatten. Oder ein Einsatzleiter, der sich durch einen Versprecher fast um Kopf und Kragen brachte, als er verkündete, dass zu absolut jedem Zeitpunkt eine Gefahr für die Bevölkerung bestanden hätte – herrlich.

Die Kollegen auf der Wache haben aus dem Umgang mit den Medien ein Spiel der besonderen Art gemacht. Sie freuen sich immer, wenn es einer der Ihren, wohlgemerkt einsatzbedingt, ins Fernsehen oder in die Zeitung geschafft hat. Pressesprecher und Einsatzleiter dürfen naturgemäß nicht mitspielen, aber für alle anderen Kollegen der Wache gilt: Wer sein Gesicht zu offensichtlich in die Kamera hält, ist für das nächste gemeinsame Frühstück der Wachabteilung verantwortlich. Da überlegt es sich der ein oder andere dann zweimal, ob er am nächsten Tag die Titelseite der Lokalzeitung zieren möchte beziehungsweise Nebendarsteller in den Abendnachrichten wird. Zu diskutieren oder zu verhandeln gibt es für die Feuerwehrprominenz im Nachhinein eh nichts; die Kollegen fackeln nicht lange, und bedanken sich einfach für das kommende Frühstück.

Weil die Kameraden mehr als nur Arbeitskollegen sind

Kameraden sind Menschen, die durch Gemeinsamkeiten mit anderen verbunden sind, es sind Menschen, die das gleiche Schicksal teilen und dabei eine besondere Hilfsbereitschaft untereinander an den Tag legen. Auf Feuerwehrleute trifft dies in bemerkenswerter Weise zu.

Das Verhältnis unter Feuerwehrkollegen, egal ob beruflich oder freiwillig bedingt, ist wesentlich intensiver als in anderen Gemeinschaften. Bei der Feuerwehr erlebt man extreme Situationen miteinander. Das verbindet, das schweißt zusammen. Daraus entstehen echte Freundschaften und ein fast familiäres Verhältnis. Bei den Berufsfeuerwehren ist dies besonders gut zu beobachten, die Kollegen teilen mehr oder weniger Tisch und Bett miteinander und verbringen in so manchem Monat mehr Zeit mit den Kollegen als mit Frau und Kind. Kein Wunder, dass bei Versetzungen oder Pensionierungen manchmal sogar Tränen fließen. Natürlich ist auch bei der Feuerwehr nicht alles Fett, was glänzt, bei 30 Kollegen in einer Wachabteilung gibt es immer auch Typen oder Grüppchen, die man nicht leiden kann. Eben wie in einer echten Familie. Wer kann schon von sich behaupten, die gesamte Verwandtschaft abgöttisch zu lieben?

Wenn es wirklich darauf ankommt, hält die Sippe aber zusammen. Sich gegenseitig zu helfen, was im Einsatz eine Selbstverständlichkeit ist, setzt sich im Privatleben fort, und dabei geht es nicht nur um Kleinigkeiten, sonder durchaus auch um größere Hausnummern.

Miteinander Dienste zu tauschen, um die private Freizeit besser nutzen zu können, ist das wenigste. Sich gegenseitig beim Umzug zu helfen, fällt auch noch unter alltäglich, aber nach einer Trennung wochenlang »Asyl« zu erhalten, ist schon nicht mehr selbstverständlich. Besonders beeindruckt hat mich der Fall eines Kollegen, der privat verunfallt war und daraufhin leider schwerstbehindert wurde. Die Kollegen haben nicht nur Geld gesammelt, sie haben in ihrer Freizeit auch das gerade fertiggestellte Eigenheim behindertengerecht umgebaut und der Familie jede erdenkliche Hilfe zuteil werden lassen.

Die zunehmende Ellbogenmentalität im menschlichen Miteinander und der Egoismus in unserer Welt haben innerhalb der Feuerwehr noch nicht wirklich Fuß fassen können. Hoffentlich bleibt diese besondere Einstellung der Feuerwehrkollegen noch lange erhalten.

GRUND NR. 69

Weil die Wachen und Wehren sich gegenseitig unterstützen

Es gibt Ereignisse im Leben, die kann man allein nicht erfolgreich bewältigen. Das gilt auch für die Feuerwehr. Es gibt Einsatzlagen, in denen die örtliche Feuerwehr naturgemäß an ihre Grenzen stößt. Wenn die Lüneburger Heide im Vollbrand steht und auch das letzte

Büschel Besenheide Feuer gefangen hat, wird die Freiwillige Feuerwehr Hanstedt trotz allem Tatendrang und Heldenmut nichts mehr ausrichten können.

Damit es gar nicht so weit kommt, gibt es die sogenannte überörtliche Hilfe. Hierbei werden Kräfte zusammengezogen, die sonst durch Gemeinde- oder sogar Ländergrenzen getrennt voneinander arbeiten und sich wahrscheinlich im Normalfall niemals begegnen würden. Mögliche Szenarien, die jedem bekannt sein dürften, sind zum Beispiel Hochwasserkatastrophen oder ausgedehnte Waldbrände.

Beim Hochwasser 2013 waren Feuerwehrkräfte aus ganz Deutschland im Osten und Süden der Republik versammelt, um der Flut aus Wasser und Schlamm irgendwann Herr zu werden. Spanische Waldbrände interessieren sich nicht für die portugiesische Staatsgrenze, und so sind fast jedes Jahr Löschflugzeuge aus halb Europa im Süden des Kontinents im Einsatz. Aber nicht nur Löschflugzeuge treten die Reise an, es gibt Kollegen, die sogar ihren Jahresurlaub opfern, um in der Waldbrandsaison vor Ort Hilfe zu leisten.

Aber die überörtliche Hilfe funktioniert auch eine Nummer kleiner. Manchmal geht es »nur« um Spezialeinheiten, über die nicht jede Gemeinde oder Kommune verfügt. Höhenretter oder Taucherstaffeln sind beliebte Exportschlager größerer Feuerwehren, denn ihre Vorhaltung ist äußerst aufwendig und sehr kostenintensiv.

Auch benachbarte Wachen leisten sich regelmäßig untereinander Hilfe. Sei es, dass Personal gestellt wird, weil eine Grippewelle die zuständige Wachbesatzung stark dezimiert hat, oder auch, weil man im Verlauf eines Einsatzes feststellt, dass die eigenen Kräfte nicht ausreichen – aus einem Wohnungsbrand soll, aus falschem Stolz heraus, schließlich kein Stadtbrand werden.

Sich gegenseitig jederzeit zu unterstützen, ist unter Feuerwehrleuten über alle Grenzen hinweg eine Selbstverständlichkeit. Zu wissen, dass man nach Verstärkung rufen kann, und dass auch jemand kommen wird, ist ein mehr als beruhigendes Gefühl.

Weil man bei der Feuerwehr lernt, Rücksicht zu nehmen

»Platz da – das ist mein Feuer!« Solche und ähnliche Sätze kommen bei Kollegen und Kameraden nicht besonders gut an. Die Feuerwehr ist nun mal kein Tummelplatz für Egoisten, sondern eher ein Ort für Teamplayer, die auf sich und ihre Umwelt Rücksicht nehmen.

Rücksicht zu nehmen muss dabei nicht immer uneigennützig sein. Wie sagt der Volksmund so schön: »Der Klügere gibt nach.« Bei einer Alarmfahrt durch den dichten Stadtverkehr, umgeben von vollkommen überforderten Verkehrsteilnehmern, macht es oft Sinn, einen Gang zurückzuschalten. Je weniger aggressiv man sich verhält, desto eher geht die Lücke auf, durch die man den Rückstau an der roten Ampel hinter sich lassen kann.

Auch im Einsatz macht es Sinn, Rücksicht zu nehmen, vor allem auf die eigenen Kollegen. Ist es wirklich nötig, denselben Angriffstrupp bei unangenehmen Aufgaben dreimal nacheinander einzusetzen, oder kann man sich untereinander abwechseln, um die Belastung zu verteilen? Ist es wirklich nötig, sich bei angenehmen Aufgaben immer in den Vordergrund zu spielen, oder sollte man nicht auch einmal andere Kameraden an der positiven Einsatzerfahrung teilhaben lassen? Auch hier hat der Volksmund einen passenden Spruch auf Lager: »Man muss auch gönnen können.«

Spätestens im Wachleben kommt der gegenseitigen Rücksichtnahme eine besondere Bedeutung zu. Es geht dabei meist nur um Alltäglichkeiten, aber die können für ein harmonisches Wachklima entscheidend sein.

Wer braucht wie viel Stauraum im Gemeinschaftskühlschrank, sind zwei schuhkartongroße Tupperdosen pro Person wirklich notwendig? Welches Fernsehprogramm unterhält die Mannschaft in der Bereitschaftszeit, welche Rechte haben Minderheiten hierbei im Bezug auf Volksmusik? Wie viele Schnarcher passen in einen Ruheraum, oder darf man Schnarcher mit einem Feldbett in die Fahrzeughalle verbannen? Muss ich meinen Kollegen wirklich erst zwei Minuten vor Feierabend ablösen, oder gönne ich mir und ihm eine entspannte Übergabe?

Rücksichtsvoll durchs Leben zu gehen, lernt man natürlich nicht nur bei der Feuerwehr. Aber gerade im besonderen zwischenmenschlichen und sozialen Gefüge einer Wachbesatzung kommt man ohne Rücksichtnahme nicht weit. Sich und die eigenen Interessen ab und zu auch mal zurückzunehmen hat noch niemandem geschadet. Der Volksmund würde sagen: »Leben und leben lassen.« Das gilt auch für die Feuerwehr.

KAPITEL 7

MENSCHLICHES UND ZWISCHEN-MENSCHLICHES

Weil der Apfel nicht weit vom Stamm fällt

Nein, mein Vater war nicht bei der Feuerwehr. Nein, Feuerwehrmann war auch nicht der Berufswunsch meiner Kindertage. Wenn ich jedoch durch die Reihen meiner Kollegen schaue, dann kommt diese Kombination aus Abstammung und frühkindlicher Prägung nicht selten vor.

Seit Kindesbeinen steht fest: Der Junge wird Feuerwehrmann! Der Vater ist schließlich Berufsfeuerwehrmann, und selbstverständlich war auch schon der Großpapa im Brandschutz tätig, auch wenn die Löschfahrzeuge damals noch Hafer gefressen haben. Was bleibt bei einer solchen Beeinflussung schon übrig? Nichts! Wenn das erste verständlich gebrabbelte Wort »Feuerlöschkreiselpumpe« lautet und das Kind sich beim Spiel mit Seifenblasen über den Löschschaum freut, dann ist der Weg vorgezeichnet.

Dagegen ist auch überhaupt nichts einzuwenden. Auch wenn man hier und da schon von Feuerwehren gehört hat, in denen die Plätze innerhalb der Löschgruppe quasi nur in direkter Blutlinie vererbt werden und Außenstehende bestenfalls das Sommerfest besuchen dürfen, so lassen sich doch auch handfeste Vorteile für die Weiterführung der Familientradition »Feuerwehr« finden.

Die Hierarchie kann zum Beispiel von der Familie nahtlos auf den Einsatz übertragen werden.

Großpapa als Präsident der Alters- und Ehrenabteilung hat nichts mehr zu sagen, bestimmt aber, was passiert. Vater ist Einsatzleiter in allen Lagen, und Sohnemann macht bis zur Zeugung eigenen Nachwuchses die eigentliche Arbeit. Außerdem verbringt die Familie viel Zeit gemeinsam, man hat gemeinsame Interessen, und nach ein paar Jahren hat auch Mutti akzeptiert, dass das Beseitigen einer nächtlichen Ölspur wichtiger ist als Beischlaf oder ungestörte Nachtruhe.

Irgendwann zwischen dem sechsten und achten Lebensjahr des Kindes passiert es dann: Der Beruf des Vaters wird zur eigenen Berufung. Ab dann ist es fast unvermeidlich – der rote Feuerwehrschlauch zieht sich wegweisend durchs Leben. Kinder- und Jugendfeuerwehr, freiwillige Feuerwehr und dann mit Anfang 20 so schnell wie möglich zur Berufsfeuerwehr und die nächsten 30 Jahre im Angriffstrupp Feuer fressen. Der Vater ist inzwischen nicht mehr nur Vater, sondern auch Kollege, und Großpapa genießt als Pensionär und Held im Ruhestand ohnehin sein Leben. Wie heißt es so schön in einem Zitat von Thomas Morus: »Tradition ist nicht das Halten der Asche, sondern das Weitergeben der Flamme.« In diesem Sinne: Ein Hoch auf den familiären Nachwuchs!

GRUND NR. 72

Weil junge Väter bei der Feuerwehr gut aufgehoben sind

Der Mann von heute hat es nicht leicht. Was wird nicht alles von ihm erwartet?! Erfolgreich im Beruf soll er sein, sportlich und geschmackvoll, ein treuer Ehemann selbstverständlich, gleichzeitig aber auch feuriger Liebhaber, liebevoller Familienvater natürlich, und im Haushalt helfen und sich um den Hund kümmern wäre auch nicht schlecht. So oder ähnlich ist die Erwartungshaltung der Frau von heute, jedenfalls seit sie angefangen hat, einschlägige Magazine zu lesen.

Was man als Mann davon erfüllen kann, ist individuell unterschiedlich und verändert sich vermutlich auch im Laufe der Zeit.

In einem ganz wichtigen Punkt wird es dem Feuerwehrmann aber leicht gemacht. Ohne großen Aufwand ist man für lange Zeit der Held der eigenen Kinder. So wie 14-jährige Jungs sich mit Schambehaarung und der Länge ihres Geschlechtsteils duellieren, so messen sich Sechsjährige mit dem Beruf des Vaters. Auch wenn Feinmechaniker und Industriekaufmann sicherlich ehrenwerte Berufe sind, Jonas und Steffen werden den Mund halten, wenn Max davon berichtet, dass sein Vater Feuerwehrmann ist und hauptberuflich Leben rettet.

Bleiben wir doch bei den Vaterfreuden. Ich persönlich habe mich dagegen entschieden und beglücke mit meinen erzieherischen Fähigkeiten lediglich einen Dalmatinerrüden. Die meisten meiner Kollegen favorisieren aber den Lebensentwurf »Kind, Kombi, Köter« und halten eigenen Nachwuchs für zwingend erforderlich.

Just ist der kleine Scheißer auf der Welt, fangen die Probleme auch schon an. Die persönliche Inflationsrate steigt auf mindestens 51 Prozent, bei der eigenen Frau ist man nur noch die Nummer zwei, und der einzige Trost ist der Rat der älteren Kollegen, die diese Phase des Lebens bereits durchgemacht haben.

Vom Säugling mit Blähungen über den kiffenden Jugendlichen bis hin zur schwangeren gerade volljährigen Studentin ist jeder Fall hundertfach erlebt. Es gibt nichts, was mehr beruhigt als der Erfahrungsozean altgedienter Feuerwehrmänner. Wo der junge Vater sich gerade noch überfordert fühlt, da helfen Rat und Tat der Kollegen. Feuerwehr ist an dieser Stelle wieder mal mehr als nur ein Job. Man vertraut sich nicht nur im Beruf, sondern auch privat.

Ein Teil der Kollegen bleibt sogar nach der Geburt zu Hause und macht von gesetzlichen Regelungen Gebrauch, um die kleinen Scheißer in den ersten Lebensmonaten hautnah mitzuerleben. Andere kommen lieber möglichst häufig in den Dienst. Selbst der unruhigste Dienst konkurriert wohl nicht mit einer Nacht, in der der eigene Spross sechs Stunden auf dem Arm hin und her geschaukelt werden will. Auch wenn man bei der Feuerwehr nachts meistens nicht auf der faulen Haut liegt, so geht mir ein Zitat eines jungen Vaters mit tiefblauen Augenringen und eingefallenem Gesicht nicht aus dem Kopf: »Vielleicht bleibt die Nacht ja ruhig, und ich kann mal zwei oder drei Stunden schlafen.«

Weil regelmäßige Abwesenheit
jede Beziehung frisch hält

Man begehrt, was man häufig sieht. Was für den Sportwagen aus der Fernsehwerbung gilt, gilt auch für die attraktive Yogalehrerin aus dem Fitnessstudio, derentwegen man Kurse besucht, die sonst nie infrage kämen. Auf der anderen Seite werden Dinge, die jeden Tag zur Verfügung stehen, auch schnell langweilig. Gewöhnung und Gleichmut setzen ein, der Reiz des Neuen und Unbekannten geht verloren, und das gilt sowohl für den Sportwagen als auch für die Yogalehrerin. Umso wichtiger ist es in einer zwischenmenschlichen Beziehung, das richtige Maß des Miteinanders zu finden.

Der Feuerwehr wird häufig vorgeworfen, sie hätte aufgrund der Arbeitszeiten schon unzählige Ehen auf dem Gewissen. Ich glaube hingegen, sie hat mindestens ebenso viele Zweisamkeiten gerettet. Wie viele Paare hätten sich völlig zerstritten scheiden lassen, wenn nicht permanente kleine Trennungen die Beziehung frisch gehalten hätten.

Wie oft hört man nach einer Trennung: »Ich hatte nicht genug Zeit für mich, ich konnte mich nicht entfalten.« Hier schafft die Feuerwehr praktische Abhilfe. Das Geheimnis liegt darin, dass der Partner ganze Tage und nicht nur ein paar Stunden weg ist. 24 Stunden freie Zeiteinteilung – man muss sich nur zu unterhalten wissen. Heute bleibt die Küche kalt, niemand da, der pünktlich eine warme Mahlzeit erwartet. Sich mal mit der besten Freundin treffen, die der Partner eh nicht leiden kann, und mit ihr einen bunten Nachmittag genießen. Shoppen ohne Zeitdruck, Tupper-Partys ohne nörgelnden Störenfried im Haus oder mal einen Seidenmalereikurs besuchen. Mal ehrlich: So ein Tag Pause von der Beziehung schafft schon Freiräume.

Das Allerbeste ist: Es bleibt ja nicht bei einem Tag, im Normalfall ist der Gute an acht bis zwölf Tagen pro Monat im Dienst. Als

Partner eines Feuerwehrmanns führt man quasi ein Doppelleben, eines mit Ehemann und eines ohne. Ich kenne Ehefrauen, deren größte Sorge im Leben die zukünftige Pensionierung ihres Gatten ist. »Dann ist der wieder jeden Tag zu Hause! Ach, du Scheiße! Wie soll ich den Kerl denn sinnvoll beschäftigen, man kann ja nicht jedes Jahr das ganze Haus renovieren«, zetern die Damen schon heute mit sorgenvoller Miene.

Aber so weit ist es ja Gott sei Dank noch nicht, und bis dieser dunkle Tag kommt, genießt man die schöne Zeit, in der man sich sogar aufeinander freut – ja, Sie haben richtig gelesen.

Das Schöne ist: Nach 24 Stunden Dienst sind auch mindestens 24 Stunden frei. Das schenkt Zeit für Gemeinsames, ein schönes Frühstück zum Beispiel, mit Brötchen, Buttercroissants und wachsweichen Eiern, ein Tagesausflug, romantischer Beischlaf am Nachmittag, oder ein gutes Gespräch. Wer hat da sonst schon Zeit für?

Apropos Gespräch, man hat sich auch wieder etwas zu erzählen. In einer Beziehung, in der man nur aufeinanderhockt, fehlen einfach die eigenen Erlebnisse, über die man berichten könnte. Die Frage »Wie war dein Tag?« verkommt nicht zur allabendlichen Floskel, sondern ist Zeichen echter Anteilnahme am Leben des Partners.

»Hast du gut geschlafen?«

»Es geht. Du glaubst nicht, was ich geträumt habe!«

»Erzähl es mir trotzdem. War der Hund brav?«

»Na ja, du hast nur noch einen Hausschuh! Hattest du viele Einsätze?«

»Nein, es war relativ ruhig. Gehen wir nachher ins Kino?«

»Nein, dein Freund Christoph hat sich wieder selbst eingeladen.«

»Schön, dann geh ich gleich noch Wein kaufen, was hast du denn nun geträumt?«

»Glaubst du mir eh nicht!«

»Jetzt erzähl schon.«

»Na gut. Also …«

Kommunikation ist nun mal das A und O in einer Beziehung, und selbst wenn es mal nicht harmonisch zugeht und vor lauter Streit die Luft brennt, der Kerl hat morgen wieder 24 Stunden Dienst. Dann hat der Rauch auch wieder Zeit, sich zu verziehen.

Weil es bei der Feuerwehr besondere Hochzeiten gibt

Wenn junge Kollegen zum ersten Mal davon sprechen, den Bund fürs Leben einzugehen, wird ihnen zumeist vom versammelten Kollegenkollektiv abgeraten. Die Gründe hierfür sind so vielfältig wie nutzlos, man kann sich mit guten Argumenten den Mund fusselig reden, zu heiraten scheint eine Erfahrung zu sein, die man selbst machen muss. Liebe macht halt blind, und so wird bei der staatlichen oder sogar kirchlich verordneten Zweisamkeit das Für und Wider bestenfalls flüchtig abgewogen. Von einer objektiven Bewertung kann sowieso nur selten die Rede sein, in den meisten Fällen ist man entweder hormonell oder finanziell manipuliert.

Wenn der Ehebund dann einmal beschlossene Sache ist, muss man sich nur noch überlegen, wie die Hochzeit gefeiert werden soll. Es gibt Menschen, die heiraten heimlich, still und leise oder im engsten Familienkreis. Es gibt Menschen, die feiern groß und opulent, 300 Gäste, Kutsche und weißes Kleid mit endloser Schleppe sind schon das Mindeste. Auf jeden Fall soll es aber romantisch und der schönste Tag im Leben werden. Wobei – romantisch ist eigentlich jede Feuerwehrhochzeit, schließlich werden junge Frauen heutzutage von Feuerwehrmännern gerettet, und nicht von irgendwelchen Rittern auf irgendwelchen Pferden.

Damit der Tag auch wirklich unvergesslich wird, lassen die Kollegen sich meist etwas einfallen, um dem Ganzen eine gewisse Feuerwehrnote zu geben. Die ganz Extremen heiraten im Rettungskorb der Drehleiter in circa 30 Meter Höhe. Etwas harmloser ist die Fahrt im historischen Feuerwehrfahrzeug zum Ort der Trauung. Da wird dann Spalier gestanden, wenn das Brautpaar das Standesamt oder die Kirche verlässt, ein Torbogen aus gefüllten Feuerwehrschläuchen symbolisiert segensreich den Schritt in ein neues Leben, und passend dazu heult klangvoll ein Martinshorn. Bei meiner eigenen standesamtlichen Hochzeit stand damals leider kein Fahrzeug mit Martinshorn zur Verfügung. Die Kollegen haben dann alternativ eine alte handbetriebene Luftschutzsirene aus dem letzten Krieg organisiert. Meine Hochzeit hat in einem kleinen verschlafenen Dorf stattgefunden, ich will bis heute nicht wissen, wie viele ältere Menschen verschreckt in den nächsten Keller gelaufen sind, während dieses Monster ertönte, und ich halb taub, aber frisch vermählt das Standesamt verließ.

Irgendwelche Hochzeitsspielchen wie Ballontänze, Ehetauglichkeitstests oder die Reise nach Jerusalem sollte man nach Möglichkeit konsequent ablehnen. Glauben Sie mir bitte: Man macht sich nur über Jahre zum Deppen.

Wirklich wichtig, wenn Kollegen zur Hochzeit erwartet werden, ist ein ausreichend großes Buffet. Auch wenn Ihre Hochzeit mit dem ganzen Feuerwehrbrimborium etwas wirklich Besonderes war – ob Sie in zwei Jahren noch glücklich verheiratet sind, interessiert niemanden. Darüber, dass man auf Ihrer Hochzeit nicht satt geworden ist, weil 20 Buffetfräsen der Feuerwehr vor Ort waren, darüber hingegen wird man noch lange sprechen.

Weil Feuerwehrmänner von
ihren Kindern bewundert werden

Väter sind generell Helden, ja geradezu unverwundbar, das empfindet fast jedes Kind so. Papa ist der Größte, Stärkste und Beste von der ganzen Welt. Schließlich bekämpft der Kerl die Monster, die unter dem Bett wohnen, und manchmal traut er sich sogar, der Mama Widerworte zu geben.

Bei Feuerwehrvätern wird diese Vergötterung mit dem Faktor 20 potenziert. Kinder, die das Glück haben, einen Feuerwehrmann zum Vater zu haben, wachsen nun mal in einer besonderen Atmosphäre auf. Papa rennt in brennende Häuser, wenn andere rausrennen. Papa darf mit Blaulicht fahren. Gegen Papa ist Superman ein gebrechlicher Taubenzüchter.

Man sollte sich als Vater aber nicht nur in der Bewunderung seiner Kinder sonnen, sondern den damit verbundenen Respekt auch pädagogisch sinnvoll nutzen. Die Worte »Mit Feuer spielt man nicht!« haben aus dem Mund eines Feuerwehrmanns noch mal ein ganz anderes Gewicht.

Zudem sollte man darauf achten, dass die kindliche Euphorie für den väterlichen Beruf nicht vollkommen ausartet. Als Kind wurde ich Zeuge einer üblen Schulhofschlägerei, nur weil Malte und Torben die Qualitäten ihrer Väter verglichen. Neben Auto, Entfernung des letzten Urlaubsortes und Körpergröße wurden auch die Berufe der biologischen Erzeuger bewertet. Torben zog nur deshalb den Kürzeren im Vaterquartett, weil sein Papa nicht bei der Feuerwehr war – nicht mal bei der freiwilligen.

Als Feuerwehrpapa muss man sich nicht besonders anstrengen, um von den lieben Kleinen bewundert zu werden. Vom Mal- und Kinderbuch bis hin zur *Sendung mit der Maus*, überall hat die Feuerwehr ein Heldenabonnement – versauen Sie es also nicht.

Genießen Sie stattdessen die Zeit, sie dauert nämlich nicht ewig. Irgendwann werden Sie so oder so von Schauspielern, Sängern und Supermodels abgelöst.

Weil die Kollegen auch nach der Pensionierung mit der Feuerwehr verbunden bleiben können

»Das Leben ist eine ewige Aneinanderreihung von Abschieden.« Diesen etwas melancholischen Satz meines Vaters werde ich wohl nie vergessen. Die Aussage hat mich vor Jahren sehr nachdenklich gemacht und vielleicht sogar ein bisschen reifen lassen. Wenn ich mein bisheriges Leben Revue passieren lasse, dann behält mein Vater leider, oder Gott sei Dank, recht. Je nach Beziehung oder Verbindung gibt es da unterschiedliche Blickwinkel.

Es fängt in Kindertagen an. Wer von Ihnen, werter Leser, kennt denn noch alle seine Kindergartenfreunde? Oder die Klassenkammeraden aus der Grundschule? Bis auf ein oder zwei Personen, zu denen auch nur noch ein sporadischer Kontakt besteht, ist bei mir keiner übrig geblieben. Irgendwann verlässt man die erste Freundin – oder man wird verlassen, was im Prinzip auf dasselbe hinausläuft. Kaum ein Lebenslauf wird gänzlich von Tragik verschont, ein unerwarteter Sterbefall im Freundeskreis zwingt erneut zum Abschiednehmen, und auch die Familie zieht um und verteilt sich in der halben Welt.

Für die weitaus meisten Menschen ist ein solcher Punkt des Abschieds auch dann gekommen, wenn das aktive Berufsleben endet. Man gibt noch seinen Ausstand, vielleicht ein gemeinsames Frühstück im Büro, dann greift man zum letzten Mal seine Aktentasche und macht die Türe von außen zu. Natürlich gibt es Menschen, die diesen Tag herbeisehnen, und bestimmt gibt es auch einige Feuerwehrleute, auf die das auch zutrifft. Die meisten Kollegen, die ich bisher in den wohlverdienten Ruhestand verabschiedet habe, hatten aber auch eine Träne im Augenwinkel. Man darf nicht vergessen, dass man einen nicht unerheblichen Teil seiner sozialen Bindungen aufgibt, man verbringt annähernd genauso viel Zeit mit den Kollegen wie mit der eigenen Familie – hopsala, ab jetzt verbringt man doppelt so viel Zeit mit der eigenen Frau.

Die Feuerwehr unterscheidet sich hier von nahezu allen anderen Arbeitgebern. Die Bindung und der Zusammenhalt der Kollegen ist sicherlich fester als bei einem zusammengewürfelten Haufen in einer x-beliebigen Firma. Was also tun, wenn man nicht mehr kommen darf, wenn man nicht mehr mitspielen darf, wenn der Tag der Pensionierung gekommen ist?

Viele Feuerwehren haben sich etwas äußerst Intelligentes einfallen lassen, sogenannte Pensionärsvereine. Hier wird das Abschiednehmen quasi, soweit es geht, hinausgezögert. Wir kennen weder Tag noch Stunde, aber bis dahin kann man, wenn man es denn will, Teil der Feuerwehrfamilie bleiben.

Damit wir uns richtig verstehen: Hier geht es nicht um einen Stammtisch, der sich zweimal in der Woche die Muttersprache versäuft. Hier geht es darum, historische Fahrzeuge zu restaurieren und instand zu halten. Hier geht es auch darum, Erfahrungen weiterzugeben, wenn »junge« Pensionäre frische Kollegen in ihrer Freizeit unter ihre Fittiche nehmen. Oder es geht darum, sich auf Feuerwehrfesten zu engagieren und gemeinnützig tätig zu sein.

Kurzum, man bleibt ein sinnvoller Teil der Feuerwehrwelt, man bleibt verbunden mit dem, was viele Jahre das Leben mitbestimmt hat. Natürlich muss das nicht jedermanns Sache sein, aber abgesehen davon, dass nicht jede Partnerschaft das plötzliche und dauerhafte gemeinsame Miteinander verkraftet, bin ich mir für meinen Teil recht sicher, später dankbar zu sein, dass ich nicht vollkommen Abschied nehmen muss von etwas, was mehr war als nur Arbeit.

Weil Feuerwehrmänner eine gewisse Anziehungskraft auf Frauen haben

Wenn Sie Probleme haben, mit dem anderen Geschlecht in Kontakt zu treten, gibt es verschiedene Möglichkeiten der Abhilfe. Sie können Kontaktbörsen im Internet besuchen, Sie können mit einem aus dem Tierheim ausgeliehenen Hundewelpen im Stadtpark spazieren gehen. Oder Sie werden einfach Feuerwehrmann.

Natürlich bediene ich hier ein Klischee, aber es ist schon mehr als nur ein Fünkchen Wahrheit, wenn man behauptet, dass Feuerwehrmänner einen besonderen Reiz auf das andere Geschlecht ausüben.

In einer breit angelegten Feldstudie, bei der mehr als vier Frauen befragt wurden, kam heraus, dass der Feuerwehrmann quasi der Ritter auf dem weißen Pferd von heute ist. Aus dem Schimmel wurde ein rotes Auto, aus dem Ritter wurde ein Retter, und fertig ist die moderne Heldenverehrung.

Natürlich will ich hier nichts verallgemeinern, aber auch in unserer Zeit suchen die Frauen nach einem starken, furchtlosen Typen, nach einem Beschützer, nach einem Kerl, der die Dinge anpackt, und nicht nach einem, der die Nachbarskinder um Hilfe bittet.

Alice Schwarzer wird sich vermutlich im Grab rumdrehen, wenn sie dies liest – uups, die Frau ist ja noch gar nicht tot –, aber Sie wissen, was ich meine. So chauvinistisch es auch klingt: Der Feuerwehrmann entspricht einfach uralten Rollenvorstellungen, die in den Genen der Frau verwurzelt sind, und strahlt daher eine natürliche Anziehungskraft auf das weibliche Geschlecht aus. Es ist quasi wie mit dem Mist und den Fliegen.

Eine kleine Schilderung offensichtlicher weiblicher Zuneigung mag das bisher Geschriebene untermauern.

Es hatte ordentlich gebrannt. Verletzte gab es Gott sei Dank keine, aber zwei Wohnungen waren Opfer der Flammen geworden und vollständig zerstört. Insgesamt waren nacheinander sechs Angriffs-trupps eingesetzt worden, um der Flammen Herr zu werden. Die Straße, in der das betroffene Haus stand, glich einem roten Meer aus Feuerwehrfahrzeugen. Flackernde blaue Lichter erschienen wie tanzende Gischt auf Wellenkämmen. Grauer, sich langsam weißlich verfärbender Rauch stieg in den Himmel, und beißender Geruch lag schwer in der Luft. Eine Straßenbahnlinie in der Nähe der Ein-satzstelle war durch das sich bildende Verkehrschaos unterbrochen worden und sorgte ungewollt für einen kontinuierlichen Zustrom von Schaulustigen. Es ist keine Übertreibung, wenn ich sage, dass eine Menschentraube von mindestens 200 Personen hinter straff gespanntem Absperrband stand und neugierig das Geschehen be-obachtete.

Der Angriffstrupp, dem auch ich angehörte, verließ gerade das betroffene Haus. Zweimal hintereinander fast 20 Minuten Schwerst-arbeit unter Atemschutz – wir waren platt, abgekämpft und leer ge-schwitzt. Meine Gedanken kreisten um einen Schluck kaltes Was-ser – ein Königreich für ein Glas kaltes Wasser. Einer der Einsatz-

leiter sprach uns außerhalb des Gefahrenbereichs im Vorbeigehen an: »Geht erst mal zu eurem Fahrzeug, trinkt was und ruht euch aus! Kann sein, dass ich euch gleich noch einmal brauche.« Mein Truppführer nickte nur und setzte den Weg in Richtung der Absperrung, an der auch unser Fahrzeug stand, fort.

Mit uns selbst beschäftigt, nahmen wir die geschätzten 200 Zuschauer zunächst gar nicht wahr. Wir legten unsere Helme ab, zogen die Atemschutzmasken vom schweißnassen Gesicht und ließen die schwere Jacke unserer Schutzkleidung achtlos an uns herabgleiten. Da begann das Johlen.

Unsere Körper dampften, nasse T-Shirts klebten auf der Haut und ließen jeden Muskel erahnen. Moschusduft mischte sich mit Brandrauch. Ein Teil der weiblichen Schaulustigen bildete einen Sprechchor und grölte: »Ausziehen! Ausziehen! Ausziehen!« Auffordernde Pfiffe ertönten, und das Johlen wurde lauter. Als mein Kollege Hein seinen Kopf von 20 bis 30 Liter Wasser umspülen ließ, um anschließend sein halblanges Haar wie ein nasser Hund hin und her zu werfen, und ich mir gleichzeitig eine Flasche Wasser halb über das Gesicht und halb in den Mund laufen ließ, gab es Szenen wie beim ersten Konzert der Beatles 1960 in Hamburg. Es wäre gelogen zu behaupten, die Situation hätte uns nicht geschmeichelt, das Gegenteil war der Fall.

Unnötig zu erwähnen, dass der männliche Teil der Schaulustigen weniger begeistert war. Selbst schuld! Es herrscht freie Berufswahl – sie hätten ja auch Feuerwehrmann werden können.

GRUND NR. 78

Weil Feuerwehrmänner die besseren Liebhaber sind

Die Zeiten haben sich geändert. Der Lebensentwurf der trauten Familie hat zwar nicht gänzlich ausgedient, aber er hat doch mächtig

Konkurrenz bekommen. Da gibt es alleinerziehende Mütter und Väter, da gibt es Patchworkfamilien, manche Paare bleiben kinderlos, und wieder andere gehen sogar ganz ohne festen Partner durchs Leben – die Zahl der Singlehaushalte in Deutschland steigt seit Jahren.

Ganz ohne zwischenmenschliche Kontakte halten es aber nur die wenigsten Menschen aus. Es gibt nun mal Bedürfnisse, deren Erfüllung langfristig allein keinen Spaß macht.

Sich in diesem Fall einen Liebhaber oder eine Geliebte zu suchen ist schon lange nicht mehr moralisch verwerflich, und nebenbei bemerkt, man wird auch nicht blind oder taub davon. Es muss ja nicht gleich der verheiratete Familienvater von nebenan sein. Kleiner Tipp: Um unnötigen Ärger zu vermeiden, empfiehlt es sich, darauf zu achten, dass die Postleitzahl der Bettbekanntschaft nicht identisch mit der eigenen ist.

Alleinstehende Feuerwehrmänner eignen sich übrigens hervorragend als Liebhaber. In der Regel sind sie körperlich in gutem Zustand, verfügen durch den Schichtdienst auch über Tagesfreizeit und sind aufgrund ihrer fundierten Ausbildung auch in der Lage, mit dem Feuer der Leidenschaft umzugehen.

Noch ein wichtiger Appell an alle Damen: Fallen Sie bitte nicht auf trügerische Werbespots herein, in denen Ihnen ein Duschgelhersteller suggeriert, dass Astronauten Feuerwehrmännern als Liebhaber vorzuziehen sind. Die Versprechungen, Ihnen die Sterne vom Himmel zu holen, sind allesamt erlogen. Glauben Sie mir: Feuerwehrmänner sind die besseren Liebhaber! Sie lassen nichts anbrennen. Sie haben keine Angst, wenn es heiß wird, und außerdem: Bis der Astronaut aus seinem Anzug raus ist, hat der Feuerwehrmann jede Frau schon zwei- bis dreimal gerettet.

KAPITEL 8

SYMPATHISCHE EIGENARTEN

Weil die Feuerwehr auch nachtaktiv ist

Für die meisten Zeitgenossen ist klar: Am Tag wird gearbeitet, und in der Nacht wird geschlafen. Unser ganzes Alltagsleben ist auf den stetigen Wechsel von Hell und Dunkel ausgerichtet, und dafür gibt es auch gute Gründe. Da ist von Biorhythmus und innerer Uhr die Rede, und mal ehrlich, wer will schon nachts um 03:15 Uhr vom Postboten geweckt werden, nur weil ein Paket angeliefert wird.

Das Tierreich ist da etwas flexibler, kein Hund nimmt es einer Katze übel, wenn sie nachts durch die Gegend streunt, und auch keine Fledermaus fällt in der Dämmerung negativ auf – ganz im Gegensatz zu Ihnen, wenn Sie nach 22:00 Uhr auf die Idee kämen, den Rasen zu mähen. Aber auch unter den Menschen gibt es Exemplare, deren innere Uhr anscheinend falsch geht. Da werden die Lebensgeister erst wach, wenn das Tageslicht verschwunden ist, und obwohl nur die allerwenigsten als Vampire zu bezeichnen sind, ecken nachtaktive Menschen in unserer Gesellschaft häufig an und werden tagsüber als Schlafmütze beschimpft.

Die Feuerwehr kann für solche Menschen eine gute Heimat sein. Zwar werden auch bei der Feuerwehr die meisten internen Arbeiten tagsüber ausgeführt, aber abgesehen von nächtlichen Einsätzen gibt es Nischen, die von Nachteulen optimal besetzt werden können. Alle anderen Kollegen sind im Übrigen äußerst dankbar, denn Nacht-schichten sind generell unbeliebt. Ganz egal ob bei der Feuerwehr, im Rettungsdienst oder in der Leitstelle, die meisten Einsatzkräfte empfinden es als angenehm, wenn die Nacht ruhig ist, oder noch besser, wenn man sie zu Hause verbringen kann.

Nachtaktive Menschen sind für die Feuerwehr durchaus von Nutzen, schließlich braucht es auch nachts jemanden, der aufmerksam durchs Mondlicht läuft, um anderen Menschen zu helfen, von schlaftrunkenen Kollegen ganz zu schweigen.

Es wäre doch eine Schande, wenn alle temporalen Spezialisten als Nachtwächter im Museum enden. Liebe Nachteulen: Willkommen also bei der Feuerwehr!

Weil Feuerwehrleute fachsimpeln können

»Beim gestrigen Großbrand im Verwaltungstrakt einer Ölraffinerie ist großer Sachschaden entstanden. Zwar konnte die Feuerwehr mit Hydroschildern und B-Rohren eine Riegelstellung aufbauen, aber dennoch wurden weitere Anlagenteile in Mitleidenschaft gezogen. Zur Sicherheit wurde abweichend von der AAO die EMK durch weitere TLF ergänzt, die mit AFFF-AR ausgerüstet sind, ihr Einsatz wurde jedoch nicht erforderlich.

Die Brandbekämpfung erfolgte durch mehrere A-Trupps unter PA sowie mehrere Hubrettungsfahrzeuge, die über Wenderohre insgesamt fast 4.000 Liter Löschmittel pro Minute auf das Brandobjekt abgegeben haben. Da nahezu die gesamte BF im Einsatz gebunden war, erfolgten ausgleichende Maßnahmen durch verschiedene LG der FF. Aus dem Bericht der Feuerwehr geht hervor, dass in der Erkundungsphase der Einsatz durch Zustands- und Verhaltensstörer erschwert wurde.«

Wohl nahezu jede Berufsgruppe verfügt über einen besonderen Wortschatz, den nur Eingeweihte verstehen. Es ist ein Zeichen von Gemeinsamkeit und Zugehörigkeit, wenn die eigene Muttersprache derart mit Fachbegriffen und Abkürzungen gespickt werden kann, dass Außenstehende der Unterhaltung nach kurzer Zeit nicht mehr folgen können.

Fachsimpelei bedeutet aber nicht, sich möglichst verdreht auszudrücken, Fachsimpeleien sind die sprachlichen Blüten, die Feuerwehrmänner und -frauen hervorbringen, wenn sie darüber sprechen, was ihnen am meisten am Herzen liegt und wovon sie am meisten Ahnung haben.

Feuerwehrleute neigen dazu, ihre Berufung zum beherrschenden Gesprächsinhalt zu machen. Da wird hundertfach über vergangene Einsätze diskutiert, die Vor- und Nachteile der neuen Ausrüstung werden abgewogen, und ab und zu werden die Vorgesetzten in Abwesenheit einer mündlichen Beurteilung unterzogen.

Um Mitmenschen, die nicht vom Fach sind, nicht unnötig zu nerven beziehungsweise zu überfordern, sollte man als höflicher Feuerwehrmann und Gesprächspartner die Fachsimpelei aber auch nicht übertreiben – auch wenn es Spaß macht. In aller Regel möchte man ja auch noch verstanden werden.

Weil Orden und Abzeichen so hübsch aussehen

Wer kennt die Bilder nicht? Irgendeine Militärparade irgendwo auf der Welt und altersgreise Generäle, die bunt behängt wie Pfingstochsen am Rand stehen und salutieren. Nun, die Herren hatten sowohl Zeit als auch Gelegenheit, sich mit allerlei Abzeichen und Orden zu schmücken, wobei man über Sinn und Unsinn sicherlich trefflich streiten kann. Es scheint in der Natur des Menschen zu liegen, sich mit vergangenen Verdiensten zu schmücken, ich selbst besaß in meiner Jugend ein T-Shirt mit der Aufschrift »Überlebender Erdbeben 1992«, wobei gesagt werden muss, dass es bei diesem Großereignis nicht einmal ernsthaft Verletzte gab und ich auch sonst nichts Dienliches zur Bewältigung der Schadenslage beigetragen habe. Aber das Beispiel macht vielleicht deutlich, dass jedermann einen gewissen Hang zum Katastrophenschmuck entwickeln kann.

Auch die Feuerwehr bildet da keine Ausnahme. Es gibt zwar meines Wissens in Deutschland keine Ringe oder Halsketten, die

die Teilnahme an mehr oder weniger dramatischen Ereignissen dokumentieren, aber es gibt Feuerwehrorden und Ehrenabzeichen, wie die Wüste Sand hat. Darüber hinaus gibt es Rettungsmedaillen, Leistungsspangen, Erinnerungszeichen, Ehrenkreuze, Verdienstkreuze, Ehrennadeln, Wettkampfplaketten und was weiß ich nicht für Zeugs, das man sich sonst noch an die Brust heften kann.

Dabei sind Dienstrangabzeichen und Löschgruppenaufnäher noch gar nicht erwähnt, geschweige denn diverse T-Shirts, deren Aufschrift die Arbeit bei irgendwelchen Katastrophen dokumentieren soll: »Hochwasser XY – ich war dabei«, »Rohrbruch 2000 Köln-Ehrenfeld«, oder »Weltjugendtag 2005 – ich sah den Papst aus höchstens 200 Meter Entfernung«.

Ob derartiger Schmuck noch zeitgemäß ist, weiß ich nicht, ich möchte es auch nicht beurteilen. Tatsache ist: All diese Dinge werden feierlich verliehen, verkauft, getragen, gesammelt, getauscht und zur Schau gestellt. Auf den Inhalt von Kinderüberraschungseiern trifft dies allerdings auch zu. Was solls. Es tut niemandem weh, die Welt ist bunt und ein bisschen verrückt, und über Geschmack lässt sich bekanntlich nicht streiten – auch nicht bei der Feuerwehr.

GRUND NR. 82

Weil die Feuerwehr im besten Sinne nostalgisch sein kann

Ja, ja, die gute alte Zeit, als »Briefträger« noch mit »o« geschrieben wurde. Was waren das für Zeiten?

Die Frage ist allerdings berechtigt – was waren das eigentlich für Zeiten? War damals alles besser? Wohl kaum!

Es schadet aber dennoch keineswegs, ab und zu in der Zeit zurückzublicken, um den ein oder anderen nostalgischen Gedanken zuzulassen. Ohne eine gewisse wehmütige Hinwendung zu längst vergangenen Tagen gäbe es schließlich keine Feuerwehrmuseen, keine historischen Lehrmittelsammlungen, die die Entwicklung der Feuerwehr anschaulich dokumentieren, und es gäbe auch keine herrlich restaurierten Löschfahrzeuge, die Alt und Jung begeistern.

»Nostalgie« ist im Übrigen ein Begriff, der ursprünglich aus der Medizin stammt und ein krankhaftes Heimweh beschreibt. Heutzutage ist der Begriff glücklicherweise deutlich positiver besetzt.

Nostalgie bedeutet nicht zwingend, vor der Gegenwart zu flüchten, aber welche Feuerwehrfrau oder welcher Feuerwehrmann hat sich beim Anblick alter Uniformen oder eines Feuerwehroldtimers noch nicht gewünscht, dass die Dinge reden könnten, um von vergangenen Einsätzen und Erlebnissen zu berichten.

Alte Fahrzeuge haben es den Kolleginnen und Kollegen besonders angetan: »Ja, damals war man noch Kraftfahrer! Nix mit Schnickschnack, Servolenkung und Bremskraftverstärker«, schwärmen dann die Feuerwehrhaudegen mit Geburtsjahrgang jenseits von 1960. »Genau, da war noch Platz in den Autos, der alte Einsatzleitwagen, ein Opel Kapitän von 1963 mit Lenkradschaltung, der hatte einen Innenraum, der war so groß wie mein Wohnzimmer heute.« – »Oder der wunderschöne Magirus Rundhauber. Ein Tanklöschfahrzeug aus den Fünfzigerjahren, da war der ganze Aufbau aus Holz, der war nur mit Blech verkleidet!«, stimmt der nächste überbietend und detailreich mit ein.

Ein bisschen Nostalgiker steckt wohl in jedem Feuerwehrmann, ich kenne zumindest keinen Kollegen, der seinen allerersten Helm nicht in Ehren halten würde – den könnte man ja auch wegschmeißen, macht aber keiner.

Unsere Gegenwart ist die gute alte Zeit von morgen, und wir haben das Privileg, sie hautnah zu erleben, mitzugestalten und in 30 Jahren davon zu schwärmen.

Weil man über sein Berufsleben Bücher schreiben kann

In den letzten Jahren hat sich einiges getan. Die Auswahl an Büchern zum Thema Feuerwehr beschränkte sich vor nicht allzu langer Zeit noch fast ausschließlich auf Fachliteratur. Bestenfalls hat es vielleicht mal ein hübscher Bildband mit Feuerwehrfahrzeugen geschafft, die Nische zu verlassen, um sich einem breiteren Publikum zu präsentieren.

Die Feuerwehr ist aber inzwischen durchaus dabei, sich literarisch zu emanzipieren. Zugegeben: Der Nobelpreis ist noch weit entfernt, aber Kurzgeschichten, Einsatzberichte und sogar Romane bereichern inzwischen das bisher eher nüchterne bis triste Angebot.

Dass ein paar dieser Bücher mit überwältigenden Verkaufszahlen zu Bestsellern wurden, beruht wohl auf der Neugier der Menschen. Den Leser auf unterhaltsame, aber dennoch realistische Weise hinter die Kulissen blicken zu lassen scheint Urinstinkte zu befriedigen. Die »neue« Feuerwehrliteratur wird schließlich nicht nur von Feuerwehrleuten und Rettungsdienstlern gelesen. Feuerwehr und Rettungsdienst sind natürlich nicht die einzigen Berufsgruppen, über die es sich zu schreiben lohnt, aber ich persönlich sehe das Buch: *Geschnitten oder am Stück? Meine aufregenden Erlebnisse als Fleischereifachverkäufer* vorläufig noch nicht im Bücherregal stehen.

Für mich selbst darf ich behaupten, dass Schreiben zu einem lieb gewonnenen Hobby geworden ist. »Wer hätte das gedacht!?«, möchte ich meiner Deutschlehrerin triumphierend zurufen, aber ehrlich gesagt, bin ich immer noch selbst erstaunt, was aus einer lustigen Idee während einer Weinlaune geworden ist. Durch die Bücher *Schauen Sie sich mal diese Sauerei an* und *Die Sauerei geht weiter …*, durfte ich Erfahrungen sammeln, die mir ohne das Schreiben nie vergönnt gewesen wären. Radio- und Fernsehinterviews, das Lampenfieber vor einer Lesung (und der erhoffte Applaus der Zuhörer danach), die positiven Reaktionen der Kollegen, die Kritiken und der Zuspruch von Lesern, Fanpost, und vieles andere mehr.

Bücher zu schreiben beziehungsweise überhaupt zu schreiben ist faszinierend. Ich kann nur jeden ermuntern, es auszuprobieren. Das Gefühl, die Menschen mit den eigenen Gedanken und Worten zu unterhalten, ist genauso überwältigend wie die Vielzahl der Menschen, die sich für unseren Beruf interessiert. Vor diesen Schaulustigen des geschriebenen Wortes möchte ich mich an dieser Stelle einmal möglichst tief verneigen.

Nur weil es inzwischen schon ein paar Bücher zum Thema gibt, heißt das nicht, dass nicht noch einige weitere folgen sollten, es gibt ja schließlich auch mehr als einen Krimi. Also: Nur Mut! Die Feuerwehr bietet unendlich viele Facetten, über die es sich zu schreiben lohnt. An guten Geschichten sollte es nicht mangeln. Statt: »Wasser marsch!« heißt es also ab jetzt: »Stifte raus!« Es wäre doch gelacht, wenn die Feuerwehr nicht irgendwann auch einen Literaturnobelpreisträger hervorbringen würde!

GRUND NR. 84

Weil die Feuerwehr sich sogar um meinen Bartwuchs kümmert

Dieser Grund, die Feuerwehr zu lieben, kommt dem Empfinden zahlloser Intensivsozialpartnerinnen, Mütter, Ehefrauen, Freundinnen und sonstigen Mitmenschen, die glauben, mitreden zu dürfen, wenn es um Gesichtsbehaarung geht, entgegen. Doch dazu später mehr.

Die Rasur als solche darf wohl ganz allgemein als Teil der Körperpflege betrachtet werden. Hier und da wird unterstellt, dass Feuerwehrmänner diese nur unzureichend betreiben. Wohl annähernd jeder Kollege wurde schon mit rein spekulativen Vorwürfen aus dem engsten persönlichen Umfeld konfrontiert. Man hört dann so hässliche Sätze wie die folgenden: »Ich will nicht wissen, wie es bei euch auf der Wache aussieht, und ich will erst recht nicht wissen, wie es da riecht! Aber was will man erwarten, wenn Kerle 24 Stunden aufeinanderhocken und auf Einsätze warten?!«

So manche Ehefrau scheint davon auszugehen, dass sich ihr bestes Stück auf der Feuerwache augenblicklich in einen ungewaschenen und unrasierten Zombie verwandelt, der unter den Armen bestialisch stinkt.

Dabei ist die hygienische Situation unter Feuerwehrmännern viel besser, als vom sozialen Umfeld vermutet. Man(n) achtet aufeinander, und unter Umständen werden sogar Maßnahmen ergriffen, falls mal ein Kollege aus der sauberen Reihe tanzt. Spätestens seit es Feuerwehrmänner mit gezupften Augenbrauen gibt, findet man genug Kollegen, die begeistert helfen, einen müffelnden Spind zum Lüften auch mal auf den Hof der Wache zu stellen oder diesen in den Keller zu tragen. Auch ein Gutschein für eine kostenlose Dusche, mit einem hübschen Bändchen an eine Deo-Flasche gebunden, ist ein Hinweis, der normalerweise sofort verstanden wird.

Zugegeben, die Feuerwehr selbst definiert Körperpflege und ein sauberes gepflegtes Erscheinungsbild gern über eine ordentliche Rasur. Diese Sichtweise hat lange Tradition und stammt wohl noch aus Zeiten, als militärische Strukturen bei den Feuerwehren weit verbreitet waren. Es gibt aber auch handfeste Gründe für die gründliche Rasur. Atemschutzmasken sind nun mal nicht dicht, wenn sie über einen Vollbart gestülpt werden. Auch wenn sich die Technik weiterentwickelt hat und heute ein modischer Dreitagebart eigentlich zu vernachlässigen wäre – es ist und bleibt nicht gestattet. Im Bereich der Dichtungen einer Atemschutzmaske darf kein Bart getragen werden. Erstens steht es so in einer einschlägigen Feuerwehrdienstvorschrift, und zweitens sähe es auch scheiße aus, wenn mitten durch den Vollbart, vom linken bis zum rechten Ohr über das Kinn eine Schneise geschlagen wäre. Den Feuerwehren war das Thema so wichtig, dass früher sogar ein »Barterlass« des Innenministeriums die Haarpracht im Gesicht von Feuerwehrmännern regelte, um Missverständnissen vorzubeugen. Der Oberlippenbart in allen Variationen war selbstverständlich immer erlaubt. Manche sagen leider.

Den Werbeslogan eines bekannten Herstellers von Rasierern »Für das Beste im Mann!« habe ich nie verstanden. Ich selbst bin äußerst rasierfaul und empfinde die tägliche Rasur vor dem Dienst als rein disziplinarische Maßnahme. Nicht nur, dass ich blute wie ein Schwein und aussehe wie nach einem ernst zu nehmenden Selbstmordversuch, es juckt und brennt auch noch den halben Tag. Daran hat sich seit meiner Pubertät nichts geändert, ich habe halt empfindliche Haut.

Sicher, da die Feuerwehr ihren Mitarbeitern die Rasiergewohnheiten quasi vorschreibt, entfallen viele häusliche Diskussionen um Vollbärte, Pornobalken und fusselige Schenkelbürsten. Die meisten Damen dürften dankbar sein, und auch für das öffentliche Erscheinungsbild der Feuerwehr hat es sein Gutes, aber eines garantiere ich: Als Pensionär habe ich Haare im Gesicht.

GRUND NR. 85

Weil man manchmal Dinge tun darf, die andere Leute nicht dürfen

Wer kennt ihn nicht, den Reiz des Verbotenen? Dinge, die man nicht tun darf, machen in aller Regel nun mal den meisten Spaß. Bei der Feuerwehr liegt es in der Natur der Sache, dass verschiedene Tätigkeiten aus gutem Grund der Allgemeinheit verboten sind.

Wo kämen wir hin, wenn jeder, der sich zur Eile berufen fühlt, mit Blaulicht und Martinshorn durch die Stadt brettern dürfte? Chaos würde ausbrechen, und nach wenigen Tagen würde die Straße vom Faustrecht regiert.

Wo kämen wir hin, wenn jeder vor Sorge die Tür des Nachbarn eintritt, nur weil dieser nicht sofort nach dem ersten Klingeln die Wohnungstür geöffnet hat? Verstehen Sie mich nicht falsch – auf sein soziales Umfeld zu achten ist wichtig, aber selbst die hinzugerufene Polizei schießt nicht gleich das Schloss auf, sondern ruft, wenn Eile geboten ist, die Feuerwehr. Diese wird dann sach- und fachgerecht die Tür öffnen, übrigens äußerst selten unter Zuhilfenahme von Schuhwerk.

Aber auch sonst darf die Feuerwehr so einiges, was Hinz und Kunz nicht dürfen. Sie darf sich zum Beispiel, ohne um Erlaubnis zu bitten, an privaten Wasserreserven bedienen. Blöd, wenn Ihr 140 Kubikmeter fassenden Fischteich ausgerechnet neben einem brennenden Lagerhaus liegt. Schade um die Forellen. Die Feuerwehr darf sich außerdem Zutritt zu Gebäuden und Grundstücken verschaffen, um Schadenfeuer und Unglücksfälle effektiv zu bekämpfen. Dieses Betretungsrecht gilt übrigens auch für die direkte Umgebung beziehungsweise die Nachbarschaft. Der Einsatzleiter darf, wenn Sie den Einsatz stören, unter Umständen einen Platzverweis aussprechen, und schließlich darf die Feuerwehr Sie auch höchstpersönlich zur Hilfeleistung oder zur Gestellung von Hilfsmitteln und Fahrzeugen heranziehen. Die Paragrafen 27 und 28 des Gesetzes über den Feuerschutz und die Hilfeleistung lassen schön grüßen.

All dies sollte natürlich immer unter dem Grundsatz der Verhältnismäßigkeit geschehen. Mit Kanonen auf Spatzen zu schießen hat noch keinem geholfen, auch nicht der Feuerwehr. Ein kleines illegales Lagerfeuer muss nicht mit einem riesigen Wasserwerfer gelöscht werden, und eine Aufzugtür aus gebürstetem Edelstahl muss nicht mit einem Trennschleifer herausgearbeitet werden. In der Regel verfügt die Feuerwehr über spezielle Aufzugschlüssel, um eingeschlossene Personen zu befreien. Stellungnahmen zu genannten übermotivierten Eskapaden sind zwar spannend zu lesen, aber lästig, wenn man sie verfassen muss.

Unabhängig von ein paar eingetretenen Türen und der Tatsache, dass man im Notfall anderen Leuten den Fischteich leer pumpen darf, ist das größte Privileg der Feuerwehrleute gegenüber »Normalsterblichen« meiner Ansicht nach, dass man Lebenserfahrung quasi im Vorbeigehen sammeln darf. Egal ob Tragisches, Dramatisches oder auch Komisches – in zahllosen Einsätzen steht man in der ersten Reihe und darf mit den Augen für das eigene Leben lernen, ohne selbst betroffen zu sein.

GRUND NR. 86

Weil bei der Feuerwehr Modellfreunde auf ihre Kosten kommen

Also, ich selbst bin kein großer Modellfreund. Das liegt nicht daran, dass ich dieses Hobby für infantil oder lächerlich halten würde, sondern daran, dass sich das Tor zu dieser Welt für mich nie geöffnet hat.

Schon körperliche Defizite trennen mich von dieser akribischen Tätigkeit. Grobmotorisch veranlagt, kann ich mit einem Vorschlaghammer ein Einfamilienhaus innerhalb einer Viertelstunde dauerhaft unbewohnbar machen, aber bitte stellen Sie mich nicht vor die feinmotorischen Herausforderungen des Modellbaus.

Maximal wäre ich geeignet, irgendwelche Modelle zu sammeln, aber auch dann nur die ganz stabilen, ansonsten fehlten nach kürzester Zeit irgendwelche Rädchen, Türchen oder sonstigen Anbauteile.

Das Universum der möglichen Modelle würde mich aber ohnehin vollkommen überfordern. Welchen Maßstab soll ich sammeln? 1:87 oder lieber 1:43? Oder besser noch 1:18, da hat man wenigstens was zum Anfassen. Darf es für den Anfang ein kleines, günstiges Modell aus Kunststoff sein oder muss es sofort ein sündhaft teures, im Zinkdruckgussverfahren hergestelltes Monstrum sein? Ist es besser, den »Magirus 150 D 10 F TLF16, Feuerwehr Schweinfurt 1964« in der Vitrine stehen zu haben, oder sollte ich mich besser für einen »Ahrens Fox VC, rot, Feuerwehr Shively 1938« entscheiden? Von Ahnungslosigkeit geplagt, besuche ich vielleicht erst mal eine Ausstellung, oder ich werde Mitglied in einem von unzähligen Internetforen, die sich mit dem Modellbau und im Besonderen mit Feuerwehrfahrzeugmodellen befassen.

Meinen Hut ziehen möchte ich vor Menschen, die diese Modelle nicht nur sammeln, sondern diese auch noch selbst bauen. Im Fachhandel erhältliche Bausätze, bestehend aus Hunderten Einzelteilen, werden hier in monatelanger Arbeit aufbereitet, zusammengebaut, vorher grundiert, bemalt oder sogar lackiert. Nicht dass Sie meinen, da steht dann ein plumpes, buntes Feuerwehrauto – nein, die Dinger sind detailgetreu bis hin zum Inhalt der Schubladen und Gerätefächer. An Menschen, die so etwas bauen, sind Schweizer Uhrmacher verloren gegangen. Reif für die Nervenheilanstalt wäre ich bereits, wenn ich nur den grauen Spritzling einer Motorhaube

detailgetreu bemalen müsste. Für den Anfang versuche ich es vielleicht mal mit einem Bastelbogen aus Pappe.

Weil mein Bild in einem zwielichtigen Kalender auftauchen kann

»Ein Bild sagt mehr als tausend Worte.« Dieses häufig gebrauchte Sprichwort macht klar, dass jedes Bild eines Objekts der bloßen Beschreibung überlegen ist. Auch die Macher von Kalendern bedienen sich gern im Reich der Bilder, um die doch sehr nüchterne und sachliche Fortschreibung des Datums aufzuwerten.

Die Vielfalt der Kalender ist dabei schier grenzenlos. Tiere, Landschaften, Leuchttürme, nackte Menschen, Stillleben aller Art, et cetera et cetera. Wenn man aufmerksam beobachtet, kann man allerdings feststellen, dass in bestimmten Umgebungen auch bestimmte Kalender hängen. Bei Oma Schmitz im Seniorenheim hängen zum Beispiel oft Katzen oder Gartenbilder an der Wand, während in Autowerkstätten und Schreinereien meist junge Damen den Lauf der Zeit dokumentieren.

Kalender mit leicht bekleideten Menschen finden sich aber auch zunehmend in Bereichen, wo man sie zunächst nicht vermuten würde, und auch die Motive haben sich verändert. Die schüchterne Verwaltungsfachangestellte Simone erfreut sich zum Beispiel an halb nackten Feuerwehrmännern in eindeutig zweideutigen Posen. Nein, der Kalender hängt nicht in ihrem privaten Schlafzimmer, er hängt an der Seitenwand ihres Aktenschranks im Büro, von wo aus er vom Publikumsverkehr normalerweise nicht erblickt werden kann.

Warum auch nicht? Ist es nicht auch ein Zeichen von Gleichberechtigung und Emanzipation, wenn statt Mrs. Februar heutzutage

Mr. Juni mit freiem Oberkörper, verschwitzt und rußverschmiert ein dickes Strahlrohr festhält und dabei mit Schlafzimmerblick vom Kalenderblatt in die Welt lächelt? Ich denke, ja.

Auffällig ist, dass oft nicht weitergeblättert wird. Da darf der Kalender gern Kalender sein, auch im Frühjahr 2014 erfreuen wir uns noch am Dezembermann aus »Firefighters oft the Year 2011«, der muskelbepackt und nur mit einer Latzhose bekleidet lasziv auf einem Stapel Schläuche sitzt.

Natürlich kann man sich die Frage stellen, ob derartige Bilder von den Kollegen früher oder später bereut werden, aber wie erklären die Damen ihre Bereitschaft, sich für Männermagazine zu entblößen, so einleuchtend wie entwaffnend: »Ich hab die Fotos nur für mich gemacht, die sind künstlerisch so wertvoll, die kann ich später auch meinen Enkelkindern zeigen!« Diese Argumentation kann man gut übernehmen, das kann jeder verstehen.

Für manche Kollegen ist es halt ein schmeichelhaftes Gefühl zu wissen, dass man in diversen weiblich oder homophil geprägten Wohngemeinschaften im Badezimmer hängt, beziehungsweise am einen oder anderen Kühlschrank klebt. Dieser Sichtweise will ich prinzipiell gar nicht widersprechen, aber ganz ehrlich – wenn ich die Wahl zwischen Pin-up-Bildern meiner eigenen Großmutter und Latzhosenbildern meiner Kollegen habe, dann nehme ich die Landschaften und Leuchttürme.

KAPITEL 9

KLEINE VORTEILE

Weil man regelmäßig ärztlich untersucht wird

»Sagen Sie doch bitte mal Aaaa!« Diesen Satz hören Feuerwehrleute regelmäßig. In einem dreijährigen Rhythmus, später im Feuerwehrleben sogar jährlich, wird Mann oder auch Frau arbeitsmedizinisch untersucht. Es gilt, nach einem bestimmten Untersuchungsschema, das dem Alter des zu Untersuchenden angepasst ist, seine körperliche Einsatzdiensttauglichkeit nachzuweisen.

Es beginnt immer mit dem charmanten Imperativ: »Vollmachen!«, womit ein kleiner weißer Plastikbecher gemeint ist, den man in einer nüchtern gekachelten Toilettennische füllen soll. Vielen Kollegen bricht jetzt schon der Schweiß aus. Nicht weil sie Angst vor dem Drogentest haben, sondern weil Pipi auf Kommando keine einfache Aufgabe ist.

Weiter geht es mit Sehtest, Hörtest und Blutabnahme. Während bei der Funktionskontrolle der Sinnesorgane noch alles glattläuft, wird der Aderlass schon spannender. Hier werden auch Helden an ihre Grenzen gebracht. Den meisten Feuerwehrmännern könnten Sie während des Frühstücks ein frisch abgetrenntes menschliches Bein präsentieren, vielleicht ernten Sie ein paar interessierte Blicke, vielleicht fragt man Sie sogar, woher Sie das Bein haben und ob Sie auch ein Mettbrötchen haben wollen, ansonsten wird aber mit Appetit weiter gefrühstückt. Blutabnahme am eigenen Körper ist da schon etwas anderes. Wer kann schon sein eigenes Blut sehen, ohne ohnmächtig zu werden? Kerle wie Baumstämme fallen um wie morsche Pappeln, gefällt mit einem dünnen, kleinen Nädelchen.

Als Nächstes folgt das Belastungs-EKG auf dem Fahradergometer. Hier wird es körperlich schon anstrengender. Um nicht ganz zufriedenstellende Ergebnisse schon im Vorfeld zu relativieren, kann man sich darauf berufen, dass man ja mehr der Läufertyp ist und deshalb unglückseligerweise über eine fürs Fahrradfahren ungünstige Muskulatur verfügt. Ändern tut es nichts – rauf auf den Bock müssen alle.

Abschließend gibt es noch die orientierende körperliche Untersuchung, bei der von »Sagen Sie mal Aaaa!« bis »Und jetzt mal bitte husten!« alles dabei ist.

Ein vertrauensvolles Gespräch über die Vorzüge des Nichtrauchens und die Nachteile von Übergewicht endet nach dem Austausch von Höflichkeitsfloskeln mit dem pädagogisch wertvollen Hinweis, abends doch einfach ein oder zwei Butterbrote weniger zu essen, das würde schon helfen.

Diese regelmäßig wiederkehrende Untersuchung ist manchmal lästig, von ein paar wenigen Kollegen wird sie unter Umständen sogar als bedrohlich empfunden. Wer will schon auf Grund von zu vielen abendlichen Butterbroten im Büro- oder Werkstattdienst enden? Sie sorgt aber auch dafür, dass körperliche Veränderungen und das ein oder andere ernst zu nehmende Zipperlein rechtzeitig entdeckt werden. Wer geht schon gern zum Arzt? Wer geht schon gern zur Vorsorgeuntersuchung? – Schön, wenn man daran erinnert wird, und gut, dass man als Feuerwehrmann gar keine Wahl hat.

GRUND NR. 89

Weil man ein beliebter Nachbar und Mieter ist

Mal ehrlich: Welche Nachbarn sind Ihnen die liebsten? Richtig. Diejenigen, die fast nie zu Hause sind und somit auch nicht stören können. Wenn man dann schon jemanden in der Nachbarwohnung ertragen muss, dann doch bitte jemanden, der, ohne aufdringlich zu sein, ein wachsames Auge auf seine Umwelt wirft. Jemanden, dem auffällt, wenn der Briefkasten des Nachbarn seit drei Tagen nicht mehr geleert wurde. Jemanden, dem es komisch vorkommt, wenn mitten in der Nacht nebenan der Möbelwagen beladen wird, obwohl von Umzug nie die Rede war. Jemanden, der Streichhölzer, Rohrzange, und Streusalz im Haus hat und sogar bereit ist, das Zeug auch rauszurücken, wenn die Nachbarschaft es braucht.

Feuerwehrmänner und Feuerwehrfrauen erfüllen diese alltäglichen Kriterien in aller Regel, ohne darüber nachzudenken. Aufpassen sollte man aber mit nur schwer erfüllbaren Erwartungshaltungen. »Bei uns im Haus kann es überhaupt gar nicht brennen – im dritten Stock wohnt ein Feuerwehrmann!«, tönt Frau Maier noch mit unerschütterlicher Selbstsicherheit, bevor sie drei Wochen später im wahrsten Wortsinn in Schutt und Asche steht. Als Feuerwehrmann sollte man sich bewusst sein, dass man immer eine gewisse Aura der Sicherheit ausstrahlt, auf die andere sich verlassen.

Dieses Gefühl subjektiver Sicherheit bei Anwesenheit eines Feuerwehrmanns erfasst glücklicherweise nicht nur Nachbarn, sondern auch Vermieter. Daher ist die Wohnungssuche für Feuerwehrleute eigentlich unproblematisch.

Wenn man am Rande erwähnt, dass Feuerlöschen die berufliche Erfüllung ist, ist die Wohnungsbesichtigung mit 30 mehr oder weniger obdachlosen Teilnehmern eigentlich schon gelaufen. Schriftsteller, Philosophiestudenten, sowie Kevin und Mandy auf der Suche nach ihrer ersten gemeinsamen Wohnung können nach Hause gehen. Der Begriff »Feuerwehr« löst beim Vermieter unterbewusste Schlüsselreize aus. So wie der Säugling automatisch zur weiblichen Brust greift, so will der Vermieter die Unterschrift des Feuerwehrmanns unter dem Mietvertrag. Wer ohne Angst in einen brennenden Keller eindringt, der wird bei einem Stromausfall nicht gleich um Hilfe schreien. Für wen Wasserschäden zum täglichen Brot gehören, der wird für einen verstopften Abfluss oder einen tropfenden Wasserhahn nicht gleich zum Notdienst rennen. Feuerwehrangehörige sind als Mieter unkompliziert, können sich meist selbst helfen, haben ein regelmäßiges Einkommen, zahlen pünktlich ihre Miete und sind selten zu Hause. Was will man mehr als Vermieter?

Als Nachbar und Mieter beliebt zu sein, ist eine feine Sache. Wenn Nachbarn und Vermieter dann noch begreifen, dass ein Feuerwehrmann im Haus zwar nicht schadet, aber keinesfalls den Rauchmelder oder die Feuerversicherung ersetzt, dann steht dem häuslichen Frieden wirklich nichts mehr im Wege.

GRUND NR. 90

Weil die Feuerwehr
auch an Feiertagen Dienst schiebt

Das Leben bei der Feuerwehr ist nicht immer nur Friede, Freude, Eierkuchen. Manchmal muss man auch in Äpfel beißen, auf die man gar keinen Appetit hat, beziehungsweise Dienst tun, wenn alle anderen frei haben. Mal ehrlich: Wer hat schon Lust, an Silvester zu arbeiten? Wer würde nicht viel lieber mit Familie, Freunden und Nachbarn das neue Jahr begrüßen, um leicht angetrunken pünktlich um 00:00 Uhr den gesamten Vorgarten in die Luft zu sprengen.

Aber so ist es halt. Für verschiedene Berufsgruppen und Branchen ist es eine Selbstverständlichkeit, an 365 Tagen und Nächten im Jahr zur Verfügung zu stehen. Bei der Feuerwehr, der Polizei, in Krankenhäusern oder Altenheimen gibt es keine Feiertage oder Wochenenden. Zumindest nicht für die Mitarbeiter. Oma Schmitz, immerhin schon 82 Jahre alt, muss auch am Totensonntag gefüttert werden, schließlich soll sie nächstes Jahr nicht selbst gefeiert werden. Im Krankenhaus hat Marvin-Kevin-James entschieden, am Ostermontag das Licht der Welt zu erblicken, auch wenn die Hebamme aus der Gynäkologie lieber dicke Eier gesucht hätte. Räuber und Verbrecher werden auch an Pfingsten verfolgt, und die Weihnachtsfeiertage sind für die Feuerwehren landauf, landab sowieso Hochsaison.

Feiertag ist aber nicht gleich Feiertag. Für den einen ist Weihnachten als Fest der Liebe und der Familie das Größte im ganzen Jahr, für den anderen ist jeder Samstag, an dem die Bundesliga läuft, viel wichtiger. Alle Kollegen unter einen Hut zu bringen, ist eine fast unlösbare Aufgabe. Jeden Monat versuchen Dienstplaner, das Unmögliche möglich zu machen, und jonglieren mit Tabellen, Listen und Notizen, um möglichst vielen Mitarbeitern ihre Wünsche zu erfüllen.

Hauptstreitpunkt sind meist Feiertage in Verbindung mit Urlaub. Da wird um Brückentage gefeilscht, und sogar die schon lange nicht mehr schulpflichtigen Kinder werden vorgeschoben, um den eigenen Urlaub vom 20. Dezember bis zum 6. Januar durchzusetzen.

Es gibt aber auch die Kollegen, die sich um jeden Dienst an gesetzlichen und kirchlichen Feiertagen reißen. »Wir waren jung und brauchten das Geld!« – getreu diesem Motto sind Feiertagszulagen ein willkommenes Zubrot, um die zum Beispiel von Weihnachtsgeschenken durchlöcherte Haushaltskasse wieder aufzufüllen.

In vielen Fällen geht es aber gar nicht ums Geld. »Sorg bloß dafür, dass ich am Heiligabend und den Rest von Weihnachten möglichst viel im Dienst bin!« So könnte der eindringliche Dienstwunsch eines verzweifelten Kollegen formuliert sein. »Warum denn das? Du wolltest doch letzte Woche noch unbedingt frei haben. Ist was Schlimmes passiert?«, fragt der Dienstplaner süffisant. »Die liebe Verwandtschaft aus dem Schwarzwald hat sich zum Fest angemeldet. Das ist wohl schlimm genug, oder?«, antwortet der Kollege.

Es gibt sie halt, die Tage, an denen man besser arbeiten geht. Einer muss den Job ja machen, auch an Weihnachten und Silvester.

GRUND NR. 91

Weil man eine medizinische Grundausbildung erhält

Sicherlich: Eine Ausbildung zum Rettungssanitäter ist kein mehrjähriges Medizinstudium, aber die circa dreimonatige medizinische Grundausbildung hat es dennoch in sich.

Sie sind Anfang 20, vor einem halben Jahr waren Sie noch Dachdecker, Industriemechaniker oder Ver- und Entsorger in der Fachrichtung Abwassertechnik. Jetzt sitzen Sie wieder auf der Schulbank und büffeln so schöne Themen wie Anatomie, Vitalfunktionen und den Säure-Basen-Haushalt des menschlichen Körpers. Das ist nicht nur eine Umstellung, das ist eine völlig neue Welt, von der man bis dahin – in den meisten Fällen – wirklich nur gröbste Vorstellungen hatte.

Die Damen und Herren vom Fach: An dieser Stelle einmal Hand aufs Herz. Wer von Ihnen wusste vor der Sanitäterausbildung, was eine extrauterine Gravidität ist oder wo ein Intercostalraum zu suchen ist? Eileiterschwangerschaften und Zwischenrippenräume sind nicht jedermanns Sache. Umso mehr sind Offenheit und Neugierde für den angehenden Sanitäter von großem Vorteil.

Die Ausbildung ist aber auch für den Interessierten kein Pappenstiel, denn ohne medizinische Vorbildung müssen in kurzer Zeit die verschiedensten Zusammenhänge im menschlichen Körper begriffen werden, Krankheiten und Verletzungsmuster erkannt und geeignete Maßnahmen eingeleitet werden.

Die Prüfungen sind daher auch kein Kindergeburtstag. Jedem Prüfer ist klar, dass Sanitäter später im Berufsleben keine Plätzchen backen. Schriftlich, praktisch und mündlich wird den angehenden Rettern auf den Zahn gefühlt. Besonders gefürchtet sind die mündlichen Prüfungen, denn hier wird gern auch schon mal tiefer gebohrt, um herauszufinden, ob der Prüfling auch das notwendige fachliche Hintergrundwissen besitzt. Im Folgenden ein kleines Beispiel:

Prüfer: Zwei Stoffe spielen bei der Bildung von elektrischen Impulsen am Herzen eine besonders wichtige Rolle. Wie heißen diese Stoffe?

Prüfling: Natrium und Kalium.

Prüfer: Sehr gut, und was hat es mit diesen Stoffen auf sich?

Prüfling: Was meinen Sie? Können Sie die Frage anders formulieren?

Prüfer: Na, wie könnte man Natrium und Kalium denn noch bezeichnen?

Prüfling: Ähh. Keine Ahnung.

Prüfer: Ich gebe Ihnen eine kleine Hilfestellung. Was tun Sie denn morgens auf ihre Eier?

Prüfling: Seife.

An dieser Stelle wurde die mündliche Prüfung für eine Weile unterbrochen, da der Prüfungsausschuss einen Moment lang brauchte, um die notwendige Ernsthaftigkeit wieder einkehren zu lassen.

Hat man die Prüfung dann erst einmal in der Tasche, geht das eigentliche Lernen erst richtig los. Es ist wie in jedem Beruf: Nicht eine Note auf dem Zeugnis, sondern Erfahrung und Praxis machen irgendwann den Meister.

Für die Feuerwehren sind ausgebildete Sanitäter Gold wert. An Unfallstellen ist es einfach von enormem Vorteil, wenn man ein Opfer nicht nur aus einem Fahrzeugwrack befreit, sondern es außerdem auch medizinisch erstversorgen kann, obwohl Rettungsdienst und Notarzt noch nicht vor Ort sind. Apropos Rettungsdienst. Viele Feuerwehren sind daran maßgeblich mit Material und Personal beteiligt. Dann ist die Ausbildung zum Rettungssanitäter nur die Vorstufe zu weiteren medizinischen Aus- und Fortbildungen, die den ein oder anderen schon dazu bewogen haben, Medizin zu studieren und Notarzt zu werden.

Medizinische Bildung hat aber generell noch niemandem geschadet. Auch wenn man sich während der Sanitäterausbildung manchmal fragt, wozu es gut sein soll, lateinische Fachbegriffe und Formulierungen zu lernen; spätestens beim nächsten eigenen Krankenhausaufenthalt merkt man, dass man das medizinische Kauderwelsch besser versteht und sich nicht so ausgeliefert fühlt. Außerdem lässt sich herrlich fluchen und schimpfen. Fragen Sie doch mal Ihren behandelnden Arzt, nachdem er Ihnen einen Termin in drei Monaten angeboten hat, ob subfontanell bei ihm noch alles in Ordnung sei.

Letztlich sei noch erwähnt, dass man in der eigenen Familie massiv an Ansehen gewinnt. Wenn man erst mal Onkel Herrmanns Herzinfarkt auf Tante Luises Geburtstag richtig diagnostiziert und adäquater klinischer Versorgung zugeführt hat, dann darf man auf keiner Familienfeier mehr fehlen. Ob man das will, ist natürlich eine ganz andere Frage.

Weil die Feuerwehr heutzutage
psychologische Unterstützung anbietet

Was sind eigentlich »belastende Einsätze«, und wie geht man damit um? Jeder Mensch verfügt über individuelle Lebenserfahrungen. Der eine hat mehr erlebt, der andere weniger. Die Summe aller Erfahrungen bildet einen Rahmen. Dinge, die innerhalb dieses Rahmens stattfinden, empfinden wir als normal, wir wissen damit umzugehen. Geschehen Dinge, die wir nicht in diesen Rahmen einordnen können, besteht die Gefahr, dass wir diese Ereignisse nicht verarbeiten können und unter Umständen psychischen Schaden nehmen.

Feuerwehrangehörige sind dazu prädestiniert, in derartige Umstände zu geraten. Es ergibt also wirklich Sinn, sich mit dieser Thematik auseinanderzusetzen, bevor irgendein Kind in irgendeinen Brunnen fällt. Vor 30 Jahren wäre man ausgelacht worden, wenn man über psychische Probleme gesprochen hätte, heute ist es sogar Bestandteil der Ausbildung zu lernen, wie man mit belastenden Situationen umgeht und welche Möglichkeiten der Hilfe zur Verfügung stehen.

Der erste Schritt ist eigentlich immer das Gespräch mit Kollegen. Menschen, die ähnliche Dinge er- und durchlebt haben, haben in aller Regel auch ein besonderes Verständnis füreinander. Oft helfen auch der Partner, die Familie oder Freude, aber wenn das nicht hilft, was dann?

In den letzten zehn Jahren haben sich bei den Feuerwehren viele Gruppen gebildet, die sich diesem Problem widmen. Die Namen variieren, aber im Grunde geht es immer um dieselbe Sache. Egal ob von »Notfallseelsorge«, »Einsatznachsorge« oder »Krisenintervention« die Rede ist: Es geht um psychologische und soziale Hilfe nach belastenden Ereignissen nicht nur für Feuerwehrangehörige, sondern für alle Einsatzkräfte und Personen, die von dem Ereignis betroffen sind. Das können Patienten, Angehörige oder Hinterbliebene sein, aber auch Polizisten, Augenzeugen und Ersthelfer.

Für jemanden, der Hilfe braucht, ist das größte Problem, nicht zu wissen, mit wem man reden kann. Genau hier setzt quasi die psychologische Erste Hilfe an. Es werden Einzel- oder auch Gruppengespräche angeboten, in denen man seine Gedanken und Erfahrungen teilen kann. Geteiltes Leid ist schließlich halbes Leid, und auch wenn es sich ein wenig nach Gruppentherapie anhört – nach dem Motto »Guten Tag, mein Name ist Klaus, und ich hätte gerne ein Problem!« – es hilft.

Die Gespräche werden nicht von Einsatzleitern oder Vorgesetzten geführt, sondern von psychologisch geschulten Kollegen moderiert, die bei Bedarf auch weitere Hilfe, zum Beispiel Psychologen oder Seelsorger, organisieren.

Mittlerweile ist die angebotene Hilfe nicht nur akzeptiert und viel beansprucht, es ist auch anerkannt, dass die psychosoziale Notfallversorgung psychische Erkrankungen wie die posttraumatische Belastungsreaktion deutlich reduzieren kann.

Es ist schön zu wissen, dass es ein Netzwerk aus Kollegen, Medizinern, Psychologen und Seelsorgern gibt, das jederzeit bereit ist zu helfen, wenn die Helfer Hilfe brauchen. Danke!

GRUND NR. 93

Weil man mit der Feuerwehr
seine Stadt kennenlernen darf

Nicht nur bei Großveranstaltungen und kulturellen Events darf man hinter die Kulissen blicken. Auch die Vorbereitung auf mögliche Einsätze erlaubt es, seine Stadt auf eine ganz besondere Weise kennenzulernen. Man betritt sozusagen »die andere Seite«. Hier gibt es Orte, wo entweder niemand hin darf, oder niemand hin will.

Die wenigsten Menschen werden es für eine wirklich gute Idee halten, mal zu Fuß durch die U-Bahn zu spazieren. Erstens ist man entschieden langsamer als die U-Bahn, und zweitens ist es dunkel und dreckig. Dennoch übt dieses System der urbanen Mobilität bestehend aus Tunneln und Röhren eine gewisse Faszination aus. Schnell verliert man vollkommen die Orientierung. Geht die linke Röhre nach Norden? Fährt hier normalerweise die Linie 17? Nach zweimal links und dreimal rechts ist man ohne Plan hoffnungslos verloren. Aber was sucht eigentlich die Feuerwehr hier unten? Warum spaziert die Feuerwehr durch dieses unterirdische Labyrinth? Nun, auch U-Bahnen können brennen. Dann schadet es nicht, wenn man weiß, wie man sich halbwegs unfallfrei in dieser dunklen Welt bewegt. Wo gibt es welche Hinweisschilder? Wo ist der nächste Notausstieg, der wieder an die Oberfläche führt? Welche Geräte können wir dort unten einsetzen, und auf welche müssen wir verzichten? Funktionieren da unten eigentlich unsere Funkgeräte? Alles Fragen, die man sich nicht stellen möchte, wenn man zum ersten Mal zu einer brennenden U-Bahn alarmiert wird.

Was für die U-Bahn gilt, trifft übrigens im Prinzip auch für jedes andere außergewöhnliche bauliche Konstrukt zu. Für mich persönlich war es schon etwas Besonderes, die Kathedrale meiner Stadt vom Keller bis zum Dach in allen Einzelheiten kennenlernen zu dürfen. In meiner Schulzeit hatten wir einen Tagesausflug hierher gemacht. 30 Kinder staunten kurz über die vielen alten Steine, liefen dann gelangweilt durch das Kirchenschiff, um möglichst schnell ein benachbartes amerikanisches Schnellrestaurant zu stürmen. Heute laufe ich mit anderen Augen durch dieses historische und sakrale Gebäude. Zum einen sehe ich die Dinge heute in Anbetracht der Leistung, die Tausende Menschen vollbracht haben, um solch ein Gebäude zu erschaffen, mit einer gewissen Demut. Zum anderen interessiere ich mich heute für brandschutzrelevante Details, um ein solches Gebäude auch schützen zu können. Wenn man eine Kathedrale mit Feuerwehraugen besichtigt, erfährt man Details, die dem normalen Besucher verborgen bleiben, Dinge die man nicht erwartet hätte. Es ist beeindruckend, wenn man durch kleine enge Treppenhäuser immer weiter emporsteigt, um entlang einer Löschwasserleitung irgendwann in einem gewaltigen Dachstuhl zu landen, in dem es ganze Werkstätten gibt und wo zahllose Menschen arbeiten. Welche Dinge sind in einer Kirche eigentlich besonders schützenswert? Vielleicht sind es gar nicht die offensichtlichen.

Neben U-Bahnen und Kathedralen gibt es unendlich viele Gebäude und Objekte, die für die Feuerwehr interessant sind. Es ist einfach wichtig, sich im Rahmen von Objektbesichtigungen mit örtlichen Umständen und Arbeitsabläufen vertraut zu machen, damit man im Einsatz ein gutes Gefühl hat und schnell und sicher handeln kann.

Ohne es ins Lächerliche ziehen zu wollen: Wenn die Feuerwehr Krankenhäuser, Brauereien, Kläranlagen, Wurstfabriken oder Museen besichtigt, ist das ein bisschen wie bei der *Sendung mit der Maus*, nur für Erwachsene. Man lernt etwas und hat noch Spaß dabei.

Weil es nichts Abwechslungsreicheres gibt

Dass bei der Feuerwehr kein Tag wie der andere verläuft, wurde schon oft beschrieben, sowohl in Funk, Film und Fernsehen als auch in diesem oder in anderen Büchern.

Wie sollte das auch möglich sein? In den seltensten Fällen brennt dasselbe Haus zweimal ab, was schon darin begründet ist, dass der Wiederaufbau so gut wie nie über Nacht gelingt.

Aber es stimmt schon: Wer – außer einem Feuerwehrmann – kann von sich behaupten, dass er gegen 9:30 Uhr heldenhaft eine Ölspur beseitigt, um 14:00 Uhr am Güterbahnhof wegen eines undichten Kesselwagens in einem gasdichten Chemikalienschutzanzug gesteckt, um 20:00 Uhr bei Oma Berta einen Wasserschaden bekämpft und den Keller leergepumpt, später in der Nacht eine brennende Laube gelöscht, und abschließend in den frühen Morgenstunden den Inhalt eines stecken gebliebenen Personenaufzugs befreit hat? Niemand!

Dabei ist man permanent sowohl körperlich, geistig als auch menschlich gefordert. Aber es sind nicht nur die Einsätze, die das Feuerwehrleben vielfältig machen, auch das gemeinsame Wachleben und die Kollegen sorgen für stete Abwechslung. Der Dienstplan mischt die Truppe immer wieder kräftig durch, sodass sich auch die Aufgaben auf der Wache und die Funktionen im Löschzug tagtäglich unterscheiden. Ob man will oder nicht, man wird zur selbstständigen multifunktionalen Löscheinheit.

Die meisten Kollegen hatten außerdem ein »Leben« vor der Feuerwehr, und so treffen sich neben zahllosen Handwerkern vom ehemaligen Tierpfleger über den Ex-Banker bis hin zum Mitbesitzer eines Swingerclubs die unterschiedlichsten Charaktere zum Dienst an der Gesellschaft.

Was immer sich der heilige Florian auch für die nächste Schicht ausgedacht hat: Es wird niemals dem vorherigen Dienst gleichen. Es gibt nichts Abwechslungsreicheres als die Arbeit bei der Feuerwehr – und diese Tatsache ist vielleicht das Reizvollste an dem Beruf überhaupt.

GRUND NR. 95

Weil die Feuerwehr als Erstes geimpft wird

Wenn man einigen Wissenschaftlern Glauben schenken möchte, dann heißt die Frage nicht ob, sondern wann. Die Rede ist von der nächsten großen Seuche, die unseren schönen Planeten großflächig entvölkern wird. Hollywood hat hier schon ein paar anschauliche Szenarien geliefert. Mal sind es putzige, mit Ebolaviren infizierte Äffchen, oder wahlweise geldgeile Terroristen, die irgendeine grüne todbringende Flüssigkeit in Glasampullen durch die Gegend werfen. Der Tenor der Filme ist klar: Früher oder später wird ein mutiertes Virus auf der Bildfläche erscheinen und uns alle dahinraffen.

So viel zur Fiktion. Von Zeit zu Zeit wird Hollywood leider von der Realität eingeholt. Gott sei Dank vergisst die Öffentlichkeit gern und schnell, wenn sie mit einem blauen Auge davongekommen ist. »Wie hieß noch gleich diese komische H1N1-Geschichte? Ach ja, die Schweinegrippe! Was war noch mal eine Pandemie? Wann war das? Erst 2009? Kommt mir viel länger vor!« Mehr ist in der Erinnerung der meisten Menschen nicht übrig geblieben.

Bis zum endgültigen viralen Exodus wird wohl auch noch etwas Zeit vergehen. In der Zwischenzeit ist die medizinische Forschung damit beschäftigt, die Ausrottung der Menschheit auf der Zeitachse möglichst weit nach hinten zu schieben. Abgesehen vom guten Rat,

den Kontakt zu putzigen Äffchen und Bio-Terroristen zu meiden, ist die wohl effektivste Waffe, die dabei zur Verfügung steht, ein passender Impfstoff.

Zugegeben, ein Impfstoff muss in den meisten Fällen erst entwickelt werden, und manchmal gelingt dies auch nicht zeitnah. Wenn es dann aber so weit ist und das gute Zeug endlich zur Verfügung steht, dann hat die Feuerwehr einen kleinen, aber entscheidenden Vorteil: Ihre Angehörigen gehören zu den Menschen, die zuerst geimpft werden.

Impfpläne regeln in derartigen Situationen die Verteilung der Impfdosen. Nicht weil es bessere Menschen sind, werden Ärzte, Krankenschwestern, Polizisten, Richter, Verwaltungsmitarbeiter und eben auch Feuerwehrleute bevorzugt, der Grund ist ein anderer. Ungeduldigen Hypochondern traut man die Aufrechterhaltung der öffentlichen Sicherheit und Ordnung schlicht und einfach nicht zu, und außerdem wird nicht von einem Tag auf den anderen ausreichend Impfstoff zur Verfügung stehen, um die gesamte Bevölkerung sofort zu impfen, von logistischen Problemen ganz zu schweigen.

Wer weiß schon, was nach der Schweinegrippe kommt? Vielleicht die Flamingopest, das große Amselfieber oder die Pferdepocken. Die nächste Seuche kommt bestimmt. Dass die Feuerwehren im Impfplan ganz weit oben stehen, ist auf jeden Fall ein beruhigender Gedanke, übrigens nicht nur für die Feuerwehr, sondern auch für die Bevölkerung. Es hat schließlich keiner etwas davon, wenn man die Seuche frisch geimpft überlebt, aber anschließend beim Wohnungsbrand erstickt.

Weil Feuerwehrleute etwas vom Handwerk verstehen

Nach einigen Jahren als Berufsfeuerwehrmann gehört man in seinem ursprünglich im Handwerk erlernten Beruf zum alten Eisen. Elektriker, Schlosser, Dachdecker und Installateure sind nicht mehr ausschließlich mit ihrem Metier beschäftigt und daher naturgemäß irgendwann nicht mehr auf dem neuesten Stand. Das macht aber nichts, denn bei der Feuerwehr werden sie quasi nebenbei zu »Allroundern« ausgebildet.

Eine der wesentlichen Aufgaben der Feuerwehr ist die technische Hilfe, und so lässt es sich im Einsatzdienst gar nicht vermeiden, dass der eine vom anderen lernt. Dadurch entwickeln Elektriker plötzlich die Fähigkeit, auch unfallfrei mit einem Hammer umzugehen, und Schlosser denken auf einmal darüber nach, wo Strom überall hinfließen könnte. Mit der Zeit lernt man, sich etwas zuzutrauen, und übernimmt auch Aufgaben, die man in seiner handwerklichen Ausbildung nie erlernt hat. Welcher Installateur bricht schon Türen auf? Welcher Dachdecker arbeitet mit einer Tauchpumpe? Die Antwort lautet: Keiner!

Die Ausbildung bei der Feuerwehr ergänzt die Talente und Fähigkeiten, die jeder Einzelne mitbringt, so weit, dass auch ein Automechaniker, ein Fliesenleger oder ein Orgelbauer souverän mit dem Material umgehen kann, das die Feuerwehr zur Bewältigung ihrer Aufgaben braucht.

Natürlich kann man das erworbene Wissen auch im Privatleben sinnvoll nutzen. Man muss nicht für jeden verstopften Abfluss gleich eine Fachfirma alarmieren, und außerdem ist man in der Lage, Handwerkern, wenn es denn nötig ist, auf die Finger zu schauen. Ein paar lose Ziegel am Giebel erfordern noch keinen neuen Dachstuhl, und ein defektes Elektrogerät muss nicht zwingend einen Neukauf nach sich ziehen.

Zu erläutern, dass die Aufgaben im Feuerwehrwesen ein eigenes Handwerk darstellen, würde hier den Rahmen sprengen. Böse Zungen behaupten diesbezüglich, Feuerwehrleute könnten alles, aber nichts richtig. Richtig ist aber, dass Feuerwehrleute von allem ein bisschen können, und das reicht, um sich von Handwerkern nicht übervorteilen zu lassen und im Einsatzfall auch noch helfen zu können.

GRUND NR. 97

Weil man auch mal dienstlich ins Bordell darf

Um jedes Missverständnis von vornherein auszuräumen: Die Feuerwehr veranstaltet keine Lustreisen nach Budapest mit ihren erfolgreichsten Brandschützern, und nur weil man ein Bordell betritt, heißt das noch lange nicht, dass man die dort angebotene Dienstleistung auch in Anspruch nimmt.

Selbstverständlich soll dieser Grund, die Feuerwehr zu lieben, keine Werbung für Prostitution sein. Man darf dieses soziale Überdruckventil aber auch nicht vollkommen verteufeln, schließlich ist es nicht umsonst das älteste Gewerbe der Welt, und außerdem geschehen hier immer wieder Einsätze, über die es sich zu schreiben lohnt.

So war es war einfach amüsant zu beobachten, wie die überwiegend männlichen Gäste hastig den »Club Chérie« verließen, nur weil ein defekter Heizlüfter die Feuerwehr auf den Plan gerufen hatte. Die gefährdete Diskretion ließ die Herrschaften schleunigst in ihre Autos springen, um dann mit Vollgas zu verschwinden. Ein wenig erinnerte die Szenerie an Nagetiere, die ein sinkendes Schiff verlassen.

Wer schon mal im Einsatz einen Puff geräumt hat, der weiß, wie unterhaltsam das sein kann. Man muss halt nur auf die Details achten. Ein Mann, der mit falsch herum angezogener Hose davonläuft, bietet in meinen Augen Slapstick vom Allerfeinsten.

Getreu dem Motto: Leistung muss sich lohnen, wurde uns im Wellnessclub »Wet and Hot« nach einem Saunabrand sogar ein Feuerwehrrabatt von 30 Prozent angeboten, den unser Zugführer mit dem sachlichen Hinweis »Wir dürfen leider nix annehmen« ablehnen musste.

Aber nicht nur Einsätze verbinden die Feuerwehr mit dem Milieu, Blaulicht und Rotlicht liegen manchmal gar nicht so weit auseinander. Ein Ausbilder von mir hat es vor Jahren so formuliert: »Die Feuerwehr ist die Hure der Stadt! Man kann sie rufen, dann erledigt sie ihren Job, und am Ende muss man sich nicht mal bedanken.

Das Milieu ist immer ein wenig verrucht, es umgibt sich mit dem Charme des Halbseidenen und Verbotenen. Mutti würde motzen, wenn man sagt: »Warte nicht mit dem Essen, ich fahr noch schnell ins Bordell.« Wenn man mit der Feuerwehr zum Einsatz ins Freudenhaus fährt, ist alles in Ordnung, da hat dann keiner was dagegen. Es ist schön, einen Blick in diese Parallelwelt werfen zu dürfen, ohne dafür zu bezahlen oder sich für seine bloße Anwesenheit rechtfertigen zu müssen.

KAPITEL 10

WAS SIE NICHT ERWARTET HABEN

Weil Man(n) auf der Wache
eine hohe Haushaltskompetenz entwickelt (Teil 1)

Wir alle kennen die dicken Einsatzuniformen, die Feuerwehrleute bei der Brandbekämpfung tragen, aber was tragen Feuerwehrleute eigentlich darunter? Die Antwort ist unspektakulär. In der Regel handelt es sich um die sogenannte Wachdienstkleidung, bestehend aus Pullovern, T-Shirts oder Poloshirts und irgendwelchen langen Hosen. Diese Wachdienstkleidung wird bei den Berufsfeuerwehren vom Dienstherrn gestellt, allerdings oft durch privat beschaffte Unterwäsche und Socken ergänzt. Wenn Sie Feuerwehrleute einmal nach getaner Arbeit gesehen haben, wissen Sie, dass eigentlich der komplette Feuerwehrmann in eine professionelle Reinigung gehört.

Genau dorthin wandert auch die Einsatzkluft. Kontaminiert mit Ruß, Dreck und allen möglichen Giftstoffen, wäre jede normale Waschmaschine vollkommen überfordert und würde aus Protest die Edelstahltrommel ausspucken.

Den Feuerwehrmann selbst stellt man nur kurz unter die heiße Dusche, alles in allem ist er pflegeleicht und bügelfrei. Aber was passiert mit den vollgeschwitzten und versifften T-Shirts, den unappetitlichen Socken und Unterhosen?

In der Regel passiert Folgendes: Der junge Berufsanfänger bringt seinen nassen, stinkenden Krempel fahrlässig mit nach Hause. Naiv wird der Geruch von kaltem Brandrauch in Verbindung mit Männerschweiß als angenehm empfunden, und so wirkt die ablehnende Haltung von Mutter oder wahlweise Ehefrau verstörend auf den jungen Brandmeister, ist der Geruch der Wäsche doch Zeugnis eigener Heldentaten.

»Kannst du den stinkenden Misthaufen nicht auf der Wache waschen, oder von mir aus in den Müll werfen?« Solche und ähnliche verbalen Anfeindungen muss der junge Brandmeister schmachvoll ertragen. Doch an dieser Stelle beginnt der Lernprozess. Mit gesenktem Kopf betritt der Kollege die Wache und schildert sein Leid älteren Kollegen. Hier trifft er auf Verständnis und Zuwendung, hier lernt er schnell, dass er nicht allein ist mit seinem Problem. Man erklärt ihm, dass Brandgeruch als Herrenduft in der Gesellschaft nicht akzeptiert ist, und dass er seine Wäsche, dem sozialen Frieden zuliebe, besser selbst in der wacheigenen Waschmaschine wäscht.

Schnell ist ein väterlicher Freund gefunden, der ihm die technischen Raffinessen einer Industriewaschmaschine erklärt und ihn auch in die Geheimnisse von Weichspülern und Waschprogrammen einweiht. Wochen später sind Begriffe wie »pflegeleicht«, »schleudern« oder »Dosierkugel« keine Fremdwörter mehr. Der Wäschetrockner lockt mit Programmen wie »schranktrocken« oder »bügelfeucht«, und wo wir schon beim Thema sind: Ein halbes Jahr nach dem familiären Wäschetrauma ist auch die unfallfreie Benutzung der Dampfbügelstation kein Problem mehr – Mama würde Augen machen!

Doch auch die wichtigste Lektion hat man dem jungen Brandmeister beigebracht: »Halt bloß den Mund! Muss ja nicht gleich jeder wissen, dass du mit Waschmaschine und Trockner umgehen kannst. Und verrate dich zu Hause auf keinen Fall mit irgendwelchen schlauen Kommentaren wie: ›Schatz, das T-Shirt kann ruhig in die Kochwäsche!‹ So einen Satz kann man sich denken, darf man aber niemals aussprechen!«

Nicht, dass der Eindruck entsteht, Feuerwehrleute würden im heimischen Haushalt nicht gern mit anpacken, aber man muss sich mit seinen Fähigkeiten ja auch nicht immer in den Vordergrund spielen …

Weil die Feuerwehr auch
über sich selbst lachen kann

»Es ist schon sehr eindrucksvoll, wie großartig sich männliche Eigenschaften in Stunden der Gefahr bewähren – Kaltblütigkeit und Tatkraft in Verbindung mit technischer Intelligenz.«

Dieser ganz wunderbare Schlusssatz gehört zu einem ebenfalls wunderbaren Sketch von Loriot, bekanntermaßen einem Großmeister des Humors und der gepflegten Ironie. Generationsübergreifend lacht die Feuerwehrgemeinde über die neue Feuerwehrspritze HS2-75, die über eine Drucksperre und Strahlkrümmung verfügt. In kürzester Zeit wird aus einem echauffierten Familienvater, dem die Wohnung ausbrennt, ein technikbegeisterter Zuhörer, der dem Oberbrandmeister Hertwig bei seinen Ausführungen begeistert an den Lippen hängt. Der Zusatz von Möbelpflegemitteln zum Löschwasser wird ausführlich erläutert, schließlich soll das Furnier nicht aufquellen, und auch die vorläufig noch zu starke Strahlkrümmung bringt die Herren nicht aus der Ruhe. Die verwunderte Frage des Vaters »Und bei den alten Spritzen lief das Wasser einfach so raus?« ist in Feuerwehrkreisen ein ewiger Spaß, der immer wieder dann genutzt wird, wenn unnötigerweise irgendwelcher neumodischer Ausrüstungsschnickschnack angeschafft wird.

An dieser Stelle ein herzliches Dankeschön an Loriot beziehungsweise Vicco von Bülow für viele schöne Momente sowohl vor dem Fernsehgerät als auch im wahren Feuerwehrleben.

Die Feuerwehrwelt mit dem notwendigen Humor zu betrachten macht das Leben im Allgemeinen leichter und auch angenehmer. Mindestens einmal am Tag herzlich lachen, das habe ich mir fest vorgenommen. Da darf auch das Missgeschick eines Kollegen gern der Anlass sein. Schadenfreude ist nun mal die schönste Freude, da macht die Feuerwehr keine Ausnahme.

Wenn ein Kollege es schafft, sich ohne Fremdeinwirkung beim Ausrollen eines Feuerwehrschlauchs mit der Schlauchkupplung eine Platzwunde auf der eigenen Stirn zu verpassen, muss man aufpassen, dass man sich nicht vor Lachen in die Hose macht und damit selbst den Rest der Mannschaft belustigt.

Zum Schluss möchte ich noch einen Witz erzählen, der die Feuerwehr und ihre Mentalität ganz wunderbar auf die Schippe nimmt: In einem wissenschaftlichen Institut für Verhaltensforschung werden Versuche durchgeführt, wie sich hochbegabte Menschen unter mehrtägiger Isolation verhalten. Ein Chemiker, ein Physiker und ein Biologe sollen an dem dreitägigen Experiment teilnehmen. Der Biologe fällt kurzfristig aus, und in Ermangelung alternativer Probanden wählt man einen zufällig anwesenden Feuerwehrmann als dritten Kandidaten aus.

Jeder Teilnehmer des Experiments wird in eine karge baugleiche Zelle geführt und dort von der Umwelt konsequent abgeschirmt. Die einzige Beschäftigungsmöglichkeit sind drei massive Stahlku-

geln mit einem Gewicht von jeweils circa fünf Kilogramm, ansonsten befinden sich in den Zellen nur ein Bett, ein Tisch und ein Stuhl.

Nach drei Tagen öffnen die Versuchsleiter neugierig die Zellen, um zu sehen, was die Probanden mit sich und den Stahlkugeln angefangen haben.

Bereits beim Physiker ist das Erstaunen groß: Die Kugeln schweben frei im Raum. Auf die Frage, wie er das vollbracht hätte, antwortet er nur lapidar: »Ach, ich hatte Langeweile, da habe ich die Schwerkraft aufgehoben. Keine große Sache.«

Beim Chemiker schweben sogar Atome und Molekülketten durch die Zelle. Auf die begeisterte Frage, wie er das denn bewerkstelligt hätte, antwortet er lakonisch: »Ach, ich hatte Langeweile, da habe ich die Kugeln in ihre chemischen Bestandteile zerlegt. Keine große Sache.«

Zuletzt öffnet man erwartungsvoll die Zelle des Feuerwehrmanns. Zwei der Kugeln sind zerbrochen, und eine fehlt gänzlich. Auf die Frage wie er das fertiggebracht hätte, antwortet er nur: »Das war ich nicht, das war schon so!«

Bei aller Ernsthaftigkeit tut die Feuerwehr gut daran, im richtigen Moment auch über sich selbst zu lachen und sich nicht immer zu ernst zu nehmen. Das macht sie liebenswert und menschlich.

GRUND NR. 100

Weil Feuerwehrleute alle in den Himmel kommen

Was nach dem Tod mit uns Menschenkindern geschieht, ist wohl eine der spannendsten Fragen überhaupt. Wahrscheinlich jeder hat sich schon einmal die Frage gestellt, was es mit dem Leben nach dem Tod auf sich hat. Vielleicht haben ja die vollkommen Gottlosen recht, und nach dem letzten Atemzug findet außer der Umwandlung organischen Gewebes zu Blumenerde absolut gar nichts statt.

Vielleicht ist aber auch etwas dran an der Wiedergeburt, und wir werden – abhängig von unserem Karma – als Gänseblümchen, Fruchtfliege oder Feuerwehrmann wieder und wieder auf die Welt losgelassen, bis wir irgendwann, nach unendlich vielen Lebenszyklen, im Zustand völliger Erlösung mit der Weltseele verschmolzen sind.

Auch möglich, dass erst das ominöse Licht kommt und anschließend das Jüngste Gericht wartet. Schon die alten Ägypter hatten die Idee, dass das menschliche Herz nach dem Tod gegen eine Feder aufgewogen würde. War das Herz schwerer als die Feder, war man böse, und die Seele war der ewigen Verdammnis geweiht. War das Herz leichter, wartete die angenehme Bekanntschaft von Osiris, der bei den Göttern damals für das Jenseits zuständig war.

Vom Ansatz her sind diese Gedanken nicht allzu weit entfernt von unseren abendländischen Vorstellungen von Himmel und Hölle, aber was hat das Ganze eigentlich mit der Feuerwehr zu tun?

Ganz einfach! Auch Feuerwehrleute machen sich so ihre Gedanken über das Sterben, aber die Frage nach Himmel und Hölle

ist schon lange beantwortet: Feuerwehrleute kommen alle in den Himmel. In der Hölle kann man uns nicht gebrauchen, weil der Teufel Angst hat, dass wir ihm das Feuer löschen.

GRUND NR. 101

Weil die Feuerwehr martialische Sprüche liebt

Natürlich kann man versuchen, das ganze Leben seriös, nüchtern und ernst zu betrachten. Aber empfehlen kann ich diese Sichtweise nicht. Eine Prise Humor, Ironie und die Fähigkeit, auch einmal über sich selbst zu lachen, machen das Leben wesentlich angenehmer.

Über die Feuerwehr wird zum Beispiel kolportiert, dass sie höchstens zum Durstlöschen tauge, und andere behaupten, sie sei eine Organisation, die mit Wasser das zerstört, was das Feuer übrig gelassen hat. Derartige, wenn auch humorvoll gemeinte Verunglimpfungen provozieren natürlich eine Reaktion, und so wundert es nicht, dass auch die Feuerwehr Sprüche und Floskeln gefunden hat, um dem verbal gebührend entgegenzutreten.

Mein persönlicher Lieblingsspruch lautet: »Ihre Feuerwehr – wir machen Hausbesuche«. Der Spruch strotzt nicht nur vor Ironie, er enthält obendrein auch noch unendlich viel Wahrheit.

Dass es Aufkleber und T-Shirts gibt, die auch weniger geschmackvoll sind, möchte ich nicht verschweigen. »Überholen Sie ruhig – wir schneiden Sie raus« ist nur so lange lustig, bis es wirklich passiert. Und auch »Alle rennen raus, wir rennen rein!« verschweigt, dass alle anderen keinen Pressluftatmer auf dem Rücken tragen.

Ein Spruch allerdings genießt die uneingeschränkte Akzeptanz aller Feuerwehrmänner. Es ist gleichzeitig ein Versprechen wie auch die Erfüllung eines Urverlangens aller Frauen auf diesem Planeten: »Fühl Dich sicher – schlaf mit einem Feuerwehrmann!«

Weil Dalmatiner Feuerwehrhunde waren

Als stolzer Besitzer eines unkastrierten dreijährigen Dalmatinerrüden aus gutem Hause lasse ich mir gern unterstellen, dass diese Begründung eine gewisse persönliche Färbung enthält und nicht für jedermann ein Grund sein muss, die Feuerwehr zu lieben.

Tatsächlich sind viele Feuerwehrangehörige Hundehalter. Katzen sitzen einfach zu oft auf irgendwelchen Bäumen, wobei Dalmatiner heutzutage prozentual nicht häufiger vertreten sein dürften als jede andere Rasse auch.

Das war mal anders. Vor allem zu den Zeiten, als Löschfahrzeuge noch von Pferden gezogene Kutschen waren, gehörten Dalmatiner sogar zur Besatzung vieler Löschzüge. Als sogenannte Kutschenbegleithunde hatten sie die Aufgabe, durch ihre auffällige Erscheinung und durch ihr Gebell andere Fuhrwerke auf die Feuerwehr aufmerksam zu machen – quasi eine schwarz-weiße Sondersignalanlage. Außerdem verstehen sich Dalmatiner in der Regel ausgezeichnet mit Pferden, sie verteidigen sie sogar gegen andere Hunde, was die Rasse damals vollends als Feuerwehrhund prädestinierte.

Irgendwann hatte die Feuerwehr keine Kutschen mehr, aber die tierischen Kollegen wurden nicht verstoßen, sie wurden zu echten »Wach«-Hunden befördert. In England und Nordamerika soll es bis heute Feuerwachen geben, die Dalmatiner als gute Seele und treuen Freund auf der Wache halten und ihnen ein standesgemäßes Zuhause geben. Manche Wache hat den Dalmatiner auch als Glücksbringer oder führt ihn als Wappentier, um an die gute alte Zeit zu erinnern.

Ob mein eigener schwarz-weißer Kamerad heute noch das Zeug zum Feuerwehrhund hätte, weiß ich nicht genau. Ich wage es sogar zu bezweifeln. Beim letzten Besuch auf meiner Wache hat er an die Drehleiter gepinkelt und versucht, Schläuche zu zerbeißen.

Weil Rutschstangen kein Relikt sind

Eine Vielzahl von Symbolen und Sinnbildern steht für die Feuerwehr. Wenn man die Menschen fragt, was ihnen als Erstes zum Thema Feuerwehr einfällt, hört man Dinge wie: Blaulicht, Löschfahrzeug, Drehleiter, Schläuche oder Ähnliches. Manchmal sagen die Menschen aber auch: »Die Feuerwehr hat doch so komische Stangen, an denen die Männer runterrutschen – wie heißen die Dinger doch gleich?«

Die Dinger heißen passenderweise Rutschstangen und befinden sich in sogenannten Gleitschächten. Hier kann man erkennen, dass auch die Feuerwehr sich nicht ganz einig ist, ob nun eigentlich gerutscht oder geglitten wird. Auf jeden Fall sind besagte Rutschstangen eine extrem praktische Angelegenheit. Feuerwehrmänner und -frauen sind nicht zu faul, die Treppe hinunterzulaufen, wenn ein Alarm ertönt, aber die Benutzung der Gleitschächte ist nicht nur schneller, sondern bei richtiger Handhabung auch erheblich sicherer.

Stellen Sie sich einfach einen Haufen Feuerwehrleute vor – sagen wir circa 20 Mann. Ein Alarm ertönt, und alle laufen im zweiten Obergeschoss gleichzeitig los. Und alle wollen gleichzeitig durch die einzige Tür, die ins Treppenhaus nach unten in die Fahrzeughalle führt. Mit »enger Flaschenhals« wäre die Situation wohl passend beschrieben. Im Treppenhaus geht der Tumult dann weiter; jeder will der Schnellste sein, jeder will zügig ausrücken. Gedrängel, Geschubse, Geschiebe – nur eine Frage der Zeit, bis ein Kollege stolpert, stürzt und von den anderen Kollegen als Bodenbelag missbraucht wird.

Bei der Nutzung eines Gleitschachts geht alles schön der Reihe nach, schließlich befindet sich in einem Gleitschacht nur eine Rutschstange und somit auch nur Platz für einen Rutschwilligen.

Nach vorn beugen, dann Stange mit Armen und Beinen umschließen und nun die Fallgeschwindigkeit dosieren, indem man sich mehr oder weniger fest an die Stange klammert. Unten angekommen, sich zügig von der Rutschstange entfernen, um den Betrieb nicht aufzuhalten, und alles ist in bester Ordnung.

Ein wenig aufpassen muss man aber doch. Überall wo Reibung entsteht, entsteht auch Wärme. Der Ungeübte holt sich am Anfang vielleicht mal einen Satz heiße Handinnenflächen, und auch das Rutschen in Feinrippunterwäsche ist nicht zu empfehlen. Außerdem sollte man schon warten, bis sich niemand mehr im Gleitschacht befindet – wer will schon dem Vorgänger auf den Kopf gleiten?! Bei einer halbwegs eingespielten Truppe ist der Gleitschacht in puncto Geschwindigkeit und Sicherheit dem Treppenhaus immer überlegen.

Dramatisch wird es, wenn Menschen heimlich und einsam Mutproben veranstalten. Ein Gast der Wache, eigentlich Verwaltungsbeamter, hatte sich zwecks Toilettenbesuchs kurz entschuldigt. Sein Weg führte ihn an einem Gleitschacht vorbei, und er konnte der Versuchung wohl nicht widerstehen. Er öffnete eine Tür, die den Schacht normalerweise gegen Abstürze sichert, umfasste mit den Händen die polierte Messingstange, versuchte mit den Beinen ungelenk etwas Ähnliches, hatte aber offensichtlich keine Ahnung, welcher Krafteinsatz nötig ist, um sich zu halten beziehungsweise zu rutschen.

Seiner Erzählung nach passierte zunächst gar nichts. Ein wenig ängstlich, von seinem Mut aber gleichermaßen euphorisiert, hielt er sich im ersten Moment nur an der Stange fest, dann reduzierte er die Kraft, um endlich ein wenig zu rutschen, er reduzierte die Kraft vielleicht ein wenig zu viel – der Rest der Geschichte ist Erdanziehung. Auch wenn ein gefedertes Polster, das normalerweise den Rutschenden auf den letzten zehn Zentimetern empfängt, seinen Fall bremste, ein gebrochenes Bein hat sein Mut beziehungsweise sein Übermut dann doch gekostet.

Gewisse Dinge sollte man besser Leuten überlassen, die etwas davon verstehen. Ich versuche schließlich auch nicht, an der Stange zu tanzen …

Weil Feuerwehrmänner lange Schläuche haben

Ja, ja, ich weiß, meine Damen und Herren, diese Überschrift darf nicht fehlen. Damit Sie mich aber gleich richtig verstehen: Dieser Grund, die Feuerwehr zu lieben, ist nicht auf meinem Mist gewachsen. Der Vorschlag stammt vielmehr aus meinem erweiterten sozialen weiblichen Umfeld und ist angeblich mitnichten nur die Meinung beziehungsweise der Wunsch einer einzelnen Dame.

Schlauchlängen sind aber so eine Sache. Wie in der restlichen belebten Natur, so sind auch bei der Feuerwehr die Dinge nicht immer gleich lang. Die Länge von Schläuchen kann stark variieren, es hängt auch immer ein bisschen davon ab, was man damit anstellen möchte. Der normale Schlauch eines Feuerwehrmanns (der handgeführt noch beherrschbar ist) ist in der Regel 15 Meter lang – pro Stück versteht sich. Das gute Stück wird in Fachkreisen dann »C-Schlauch« genannt und kann mithilfe von Kupplungen theoretisch beliebig verlängert werden. Die Schläuche werden bei Bedarf leer ausgerollt und auf die gewünschte Länge zusammengekuppelt. Schwieriger wird das Verlängern, wenn das gute Stück bereits gefüllt ist, eben wie im richtigen Leben auch. Daher ist es ganz entscheidend, sich vorher zu überlegen, wie tief oder wie weit man mit seinem Schlauch in ein Objekt eindringen möchte. Nun sind 15 Meter natürlich nicht das Maß aller Dinge, und so gibt es den C-Schlauch natürlich auch in 30 Meter Länge beziehungsweise jeder Länge, die der Feuerwehrfachhandel zur Verfügung stellt. Der C-Schlauch ist handlich, für eine Person leicht zu kontrollieren und sicherlich eines der häufigsten Arbeitsmittel, die der Feuerwehrmann zur Brandbekämpfung einsetzt.

Nun hört man aber immer wieder, dass es nicht nur auf die Länge, sondern auch auf den Durchmesser ankommt. Was bei Bohrern, Hundeleinen oder Salatgurken logisch erscheint, darf auch für Feuerwehrschläuche angenommen werden. Durch einen dicken Schlauch passt einfach mehr Wasser. Wenn die Feuerwehr also viel Wasser von A nach B transportieren möchte, nimmt sie möglichst dicke, aber noch handhabbare Schläuche. Vom C-Schlauch ausgegangen, ist der B-Schlauch die nächstdickere Variante. 75 Millimeter konkurrieren hier mit mickrigen 52 Millimeter Innendurchmesser. Auf den ersten Blick erscheint der Unterschied nicht gewaltig, aber bezogen auf zehn Meter Schlauchlänge reden wir entweder über circa 44 Liter Volumen im B-Schlauch oder circa 21 Liter im C-Schlauch.

Beim richtigen Umgang mit langen Schläuchen sind aber noch andere Dinge zu beachten. Reibungsverluste müssen beachtet werden. Man sollte nur geeignetes Zubehör, sogenannte Schlauchhalter oder Schlauchbinden, verwenden. Schläuche dürfen nicht verdreht werden. Keinesfalls sollte man Schläuche über scharfe Kanten ziehen oder schleifen. Der Schlauch an sich ist empfindlich und will auch so behandelt werden.

Man könnte nun noch weitere zehn Seiten über das Universum der Schläuche schreiben und über Längen und Durchmesser diskutieren; ich möchte es an dieser Stelle aber etwas abkürzen. Am Ende ist nämlich eines ganz entscheidend: Vor allem braucht man eine leistungsstarke Pumpe, um genügend Druck aufzubauen.

Weil man oft eine Gummimaske im Gesicht hat

Der Beruf des Feuerwehrmanns bringt es mit sich, dass man häufig gesundheitlichen Gefahren ausgesetzt ist. In der Ausbildung gibt es sogar ein spezielles Unterrichtsfach zu diesem Thema unter dem Motto »Die Gefahren der Einsatzstelle«.

Eine dieser Gefahren sind die sogenannten Atemgifte. Hässliche Dinge begegnen dem Feuerwehrmann in diesem Zusammenhang. Es gibt Stoffe, die den so lebenswichtigen Sauerstoff einfach verdrängen und somit eine erstickende Wirkung haben, andere reizen und verätzen Atemwege und die Lunge, und die übelsten von allen wirken sogar toxisch auf Blut, Nerven und Zellen.

Bereits pensionierte Kollegen verfügten früher über einen biologischen Schutzmechanismus: den Schnauzbart oder Schnurrbart, in Fachkreisen auch Schenkelbürste genannt. Da wurde der Kellerbrand auch mal mit angehaltener Luft gelöscht. Achten Sie mal auf alte Fotografien, auf denen Feuerwehrleute zu sehen sind – die Herrschaften trugen fast alle Oberlippenbart. Man hatte sich wohl mangels Alternativen dem Glauben ergeben, dass Ruß und Rauch sich in den Haaren verfangen würden und somit jede Gefahr gebannt sei.

Gepriesen sei der Herr – der moderne Feuerwehrmann steht diesen Gefahren seit dem frühen 20. Jahrhundert nicht mehr schutzlos gegenüber. Seitdem gibt es Atemschutzmasken aus Gummi mit einer Sichtscheibe, die wahlweise mit eingeschraubten Filtern oder mit Atemluftflaschen betrieben werden können. Diese Gummimasken passen sich den unmöglichsten Gesichtsformen mit mehreren Dichtlippen an, sodass man quasi vollständig von der umgebenden Atmosphäre getrennt ist. Seitdem hat sich aber auch die Bartmode geändert. Wurde früher aus einem Oberlippenbart gerne mal ein rauschender Vollbart, so sind diese massiven Auswüchse an Gesichtshaar heute sogar per »Barterlass« verboten. Die Dichtigkeit der Masken könnte durch die Haarpracht beeinflusst werden, und so müssen Feuerwehrleute auf diese Art des Körperschmucks verzichten.

Atemschutzmasken schützen aber nicht nur vor giftigen Substanzen. In Verbindung mit bereits erwähnten Filtern und Flaschen entrinnt man quasi allen möglichen üblen Gerüchen. Außerdem wird man nicht immer sofort erkannt, was ab und zu auch mal von Vorteil sein kann.

Zweckentfremdet sollten diese Masken nicht benutzt werden. Sie sind Teil der persönlichen Schutzausrüstung und somit auch Lebensversicherung für jeden Feuerwehrmann. Böse Zungen behaupten von Zeit zu Zeit, es gäbe Feuerwehrleute, die Gummimasken zum Vergnügen in ihrer Freizeit tragen – auch wenn es nicht meinem Fetisch entspricht. Ich würde sagen, das ist zwar weder sach- noch fachgerecht, aber dennoch wird hier das Angenehme mit dem Nützlichen verbunden, beziehungsweise ergänzen sich Berufliches und Privates auf geradezu befriedigende Weise.

Weil man bei der Feuerwehr Kurioses erlebt

An dieser Stelle könnte ich auf meine bereits erschienenen Bücher *Schauen Sie sich mal diese Sauerei an* und *Die Sauerei geht weiter* verweisen. Aber so einfach will ich es mir nicht machen.

Kurioses begeistert die Menschen schon seit ewigen Zeiten. Denken Sie nur an die Kuriositätenkabinette früherer Jahrmärkte, wo entstellte Menschen und Tiere zur Schau gestellt wurden. Oder schauen Sie sich in der heutigen Zeit einschlägige Videos auf beliebigen Internetplattformen an. Die Motivation ist damals wie heute die gleiche: Wir staunen über das Absonderliche, das Seltsame, das

Eigentümliche. Da Feuerwehr- oder Rettungsdiensteinsätze häufig erst notwendig werden, wenn die geregelten Bahnen des Lebens verlassen sind, ist es nicht verwunderlich, dass das Kuriose in diesem Umfeld wachsen und gedeihen kann.

Aber was ist eigentlich ein kurioser Einsatz? Diese Frage ist nicht einfach zu beantworten. Die Maßstäbe jedes Einzelnen sind zu unterschiedlich, um darauf eine eindeutige Antwort zu geben, aber wenn es selbst für die Fantasie schwierig wird, die Realität anzuerkennen, stehen die Chancen gut für das Sonderbare, das Exzentrische, das Bizarre.

Manchmal sind es nur Details, manchmal die Umstände, und manchmal auch die handelnden Personen. Mir ist ein Zimmer im Gedächtnis geblieben, das über und über mit Postern von Robbie Williams tapeziert war. Es gab einen lebensgroßen Papp-Robbie, ja, ich glaube sogar, einen Altar erkannt zu haben. Das Zimmer befand sich in einer eher altmodisch eingerichteten Wohnung, die von einem konservativ wirkenden Seniorenpärchen bewohnt wurde. Meine Frage: »Und das ist dann wohl das Zimmer der Enkeltochter?« wurde brüsk verneint. »Nein, wir haben gar keine Kinder, das ist unser Fanzimmer!«, war die erklärende, mich dennoch etwas verwundernde Antwort.

Gewundert habe ich mich auch über Spinnweben. Ich hatte ja keine Ahnung, wozu diese Tiere in der Lage sind. In Kombination mit Staub und Nikotin entstehen über Monate und Jahre Strukturen, die man sich in Größe und Dimension gar nicht vorstellen kann. Vorstellen konnte ich mir allerdings auch nicht, dass Menschen in dieser Umgebung freiwillig existieren.

Mit Freude erinnere ich mich an Pilze, die nach einem wochenlang unbemerkten Wasserschaden auf dem Teppichboden wuchsen. Nie werde ich vergessen, wie es roch, als ein Rentner seine Fäkalien in einem Reisekoffer entsorgte, weil seine Toilette defekt war. Ins Gedächtnis gebrannt hat sich auch eine gewisse Ulla, als sie mehr oder weniger gewaltsam versuchte, vom gerade verstorbenen Franz noch die PIN des gemeinsamen Mobiltelefons zu erfahren, und absolut unvergessen bleibt natürlich Leon, dem man Stricknadeln in die Augen gestochen hatte, um ihn anschließend auch noch zu schrumpfen – zumindest in seiner Realität. Ach, ich könnte noch seitenweise mit ähnlichen Beispielen fortfahren …

Diese Dinge erleben zu dürfen ist nicht alltäglich. Es rückt auch das eigene Leben in eine herrliche Normalität und zeigt mir, welcher Wahnsinn hinter so mancher gepflegten Fassade tobt. Die Feuerwehr erlaubt mir immer mal wieder, hinter diese Fassaden zu blicken, um das Kuriose zu bestaunen. Mir fallen tatsächlich nicht viele Berufe ein, die etwas Ähnliches möglich machen.

GRUND NR. 107

Weil die Feuerwehr keine Aktiengesellschaft ist

Am 4. Mai lädt die örtliche Feuerwehr ihre Aktionäre zur diesjährigen Hauptversammlung ins Gerätehaus ein. Tagesordnungspunkte sind die Streichung der Dividende, Abbau von Personal und das geplante Kostensenkungsprogramm in Millionenhöhe.

Glauben Sie mir: Wir alle können froh sein, dass die Feuerwehren im Land nicht gewinnorientiert arbeiten müssen. Natürlich muss man mit öffentlichem Geld haushalten, und nicht jeder Ausrüstungswunsch der Feuerwehren muss immer und sofort erfüllt werden. Aber so sorgsam man als Bürgermeister oder Stadtrat auch mit Steuergeldern umgehen muss – die finanziellen Mittel, die in die Feuerwehr investiert werden, sind gut angelegtes Geld.

Berechtigterweise darf man sich die Frage stellen: »Was habe ich als Bürger eigentlich von einer gut funktionierenden Feuerwehr?« Die Feuerwehr produziert schließlich nichts, sondern verursacht nur Kosten. Auf den ersten Blick mag das richtig erscheinen, auf den zweiten Blick ist die Aussage aber falsch. Die Feuerwehr produziert sehr wohl etwas, auch wenn es nicht direkt greifbar ist. Die Feuerwehr produziert Sicherheit, eine Leistung, die erst real wird, wenn man sie selbst in Anspruch nimmt.

Es gab Orte und Zeiten, da wurde nur das Haus desjenigen geschützt, der auch eine Feuerversicherung hatte, also quasi an der Feuerwehr beteiligt war. Heute kann jedermann auf die Hilfe der Feuerwehr vertrauen, unabhängig von seiner materiellen Situation.

Wie viel höher wären die volkswirtschaftlichen Folgeschäden von Großschadenslagen ohne das Eingreifen der Feuerwehr? Die Arbeitskraft wie vieler Menschen wurde erhalten, weil die Feuerwehr rechtzeitig eingegriffen hat? Schwierige Fragen, die mit einer einfachen Kostenrechnung wohl kaum zu beantworten sind.

Es ist ein Segen, dass die Feuerwehr trotz steigender Einsatzzahlen kein jährliches Gewinnwachstum generieren muss. Es ist ein Segen, dass ein Cash-Flow-Verhältnis oder ein Buchwert keine Rolle spielen. Aktionäre investieren nicht nur, sie spekulieren auch. Wenn die Gewinne ausbleiben, ziehen sie früher oder später weiter, sie erwarten Kurssteigerungen, Renditen und Dividenden. Der Kurs der Feuerwehr bleibt auch in wirtschaftlich schwierigen Zeiten stabil. Dass der Wert der Feuerwehr nicht in Frankfurt auf dem Börsenparkett, sondern jeden Tag im Einsatz ermittelt wird, merken Sie spätestens dann, wenn Sie die Feuerwehr selbst mal brauchen.

GRUND NR. 108

Weil Feuerwehrleute auch im Zirkus oder im Varieté auftreten können

»Meine Damen und Herren, ich bitte um Ihre Aufmerksamkeit. Seien Sie heute Abend live dabei, wenn Florian – der lodernde Feuerwehrmann, dieses trockene Holzbrett nur mithilfe von Feuer in einen Haufen Asche verwandeln wird! Seien Sie gespannt! Halten Sie den Atem an! Begrüßen Sie mit mir den lodernden Feuerwehrmann – Florian, Applaus, Applaus, Applaus!«

Zugegeben, die oben beschriebene Nummer kann aufgrund ihrer Gefährlichkeit nicht jeder zart besaiteten Seele zugemutet werden, aber wie wäre es stattdessen mit einer hübschen Verwandlungsnummer? Dafür braucht es nicht einmal den lodernden Florian, Verwandlungsnummern hat wirklich jeder Feuerwehrmann im Repertoire.

Ganz im Ernst: Bei jedem Alarm weht ein Hauch von Las-Vegas-Shows durch die Feuerwachen im Land. Männer, die sich halb nackt machen, um dann in andere Klamotten zu springen – das kennt man doch irgendwoher. Okay, die Chippendales zeigen vielleicht etwas mehr Haut, aber das macht die Feuerwehr mit den besseren Kostümen wieder wett. Brandschutzkleidung mit Helm, Sicherheitsgurt und Atemschutzmaske, silberfarbene funkelnde Hitzeschutzkleidung und bunte Chemikalienschutzanzüge in den

aktuellen Sommerfarben, um nur ein paar Outfits zu nennen. Dabei wird der heiße Scheiß so schnell gewechselt und an- und wieder ausgezogen, dass jedem Quick-Change-Künstler in seinem Klettverschluss-Anzug schwindlig wird.

Ganz ehrlich, wenn es mit der Feuerwehr mal nicht mehr klappt, beim Zirkus und im Varieté werden immer junge Männer zum Mitreisen gesucht.

GRUND NR. 109

Weil es sogar einen Feuerwehrkuchen gibt

Auch wenn die Löschgruppe »Kuchen« aus Baden-Württemberg natürlich ein weiterer Grund ist, die Feuerwehr zu lieben – in dieser Geschichte soll es um kulinarische Genüsse gehen.

Tatsächlich, und ich habe es selbst bis zur Recherche zu diesem Buch nicht geglaubt, gibt es einen Feuerwehrkuchen. Er steht anderen berühmten Backerzeugnissen wie zum Beispiel der Sachertorte oder dem Käsekuchen geschmacklich in nichts nach, wobei sich über Geschmack bekanntlich nicht streiten lässt.

Die Namensgebung ist wirklich bemerkenswert, wobei Unterschiede in verschiedenen Rezeptvarianten zur Interpretation einladen. Grundsätzlich lässt sich aber sagen: Wenn der Kuchen fertig ist, soll unten eine dunkle Schicht aus brennbarem Material vorhanden sein (Teig), darüber toben die Flammen (Kirschbelag), gefolgt von einem Sahnedeckel (Rauch), der den Verbrennungsvorgang passend abschließt. Stilecht können auch noch Heidelbeeren (Blaulichter) im Sahnedeckel versenkt werden.

Viel Spaß beim Nachbacken! Und um keinem Konditor oder Hobbybäcker auf die Füße zu treten, verweise ich auf diverse Rezeptvorschläge aus Backbüchern, Internet et cetera. Guten Appetit – bei geschätzten 2.000 Kalorien pro Kuchenstück.

Weil die Feuerwehr Musik im Blut hat

Nicht nur dass der ein oder andere Brandschützer das Martinshorn oder das Dröhnen der Feuerlöschkreiselpumpe als Musik
empfindet, es gibt sogar Kollegen und Kolleginnen, die sind selbst
musikalisch.

Damit ist nicht das schnöde Einlegen einer Musik-CD in ein
Abspielgerät oder das naive Trommeln auf einem Feuerlöscher gemeint, sondern tatsächlich das Spielen von Instrumenten.

Es gibt Feuerwehren, die über einen eigenen Musikzug verfügen, welche in Größe und Qualität jeder Bigband das Löschwasser
reichen können. Sicher – die dort gespielte Musik ist nicht immer
jedermanns Sache, aber zumindest ist für Unterhaltung gesorgt,
wenn auf dem nächsten Feuerwehrfest die Alters- und Ehrenabteilung ihr musikalisches Recht einfordert.

Auch bei den kleinsten Brandschützern ist Musik ein Mittel, dem Feuer altersgerecht Paroli zu bieten. Die »Feuerdrachen« aus dem unterfränkischen Wenighösbach haben zum Beispiel bekannte Kinderlieder mit Feuerwehrtexten neu interpretiert. Aus Rolf Zuckowskis *Es schneit* wird ganz schnell *Es brennt*. Der Refrain lautet dann passenderweise: »Es brennt, es brennt! Kommt alle aus dem Haus. Die Feuerwehr, die Feuerwehr, die rückt nun ganz schnell aus. Es brennt, es brennt! Bleibt bloß nicht einfach stehen! Kommt mit. Kommt mit! Wir wollen löschen gehen.«

Wenn man sieht, welche Kreativität hier schon von den kleinen Künstlern freigesetzt wird, dann wundert man sich auch nicht mehr über Sternstunden der Musikgeschichte wie *Ring of Fire* von Johnny Cash oder *Light my Fire* von den Doors, die wohl ganz offensichtlich in ihrer Entstehung durch die Feuerwehr beeinflusst wurden.

GRUND NR. 111

Weil Man(n) auf der Wache eine hohe Haushaltskompetenz entwickelt (Teil 2)

Leider lässt es die Haushaltslage der Städte und Kommunen meist nicht zu, dass die Feuerwehrangehörigen während ihrer Dienstzeit von einem noblen Catering-Service kulinarisch versorgt werden. Es würde wohl auch komisch anmuten, wenn jemand auf der Wache im champagnerfarbenen Livree Lachskanapees oder Kaviarschnittchen auf dem Silbertablett serviert.

Die meisten Feuerwachen sind zu klein für die Einrichtung einer rentablen Kantine, und so wird die Wache, wenn sie sich nicht zufällig einer Einrichtung wie zum Beispiel einer Krankenhauskantine anschließen kann, in aller Regel zum Selbstversorger.

Auf vielen Wachen hat es sich eingebürgert, dass mindestens eine Mahlzeit innerhalb der 24-stündigen Dienstschicht nach Möglichkeit gemeinsam eingenommen wird. Oft ist auch die Zubereitung eine Gemeinschaftsaufgabe, und egal, ob nur ein Frühstück vorbereitet oder in der Bereitschaftszeit für alle Kollegen aufwendig gekocht wird, das Gemeinschaftsgefühl wird gestärkt, und jeder kann vom anderen lernen. Es gibt Kollegen, die zwar hervorragende Feuerwehrleute und Handwerker sind, die aber vor ihrem Wachleben noch nie ein Schmiermesser in der Hand hatten und am Herd über hart gekochte Eier nicht hinauskommen. Hotel Mutti lässt schön grüßen.

Verstehen Sie mich nicht falsch. Es geht nicht darum, ein mehrgängiges Menü der Spitzenklasse zu servieren. In erster Linie sollte es schmecken und genug sein, um circa 20 hungrige Mäuler zu stopfen. Jeder sollte aber in der Lage sein, bei der Zubereitung zu helfen, ohne sich selbst dabei schwer zu verletzen.

Was gekocht wird, liegt in der Macht des Küchenchefs vom Tag. Viele Köche verderben bekanntlich den Brei, und so darf man sich nicht auf irgendwelche Diskussionen einlassen, ob Bernhard und Jörg nun Spinat mögen oder nicht.

Die erste wirkliche Herausforderung sind die benötigten Mengen. Nach ein bis zwei Versuchen lernt man schnell, dass sechs Kilogramm Nudeln etwas anderes sind als sechs Kilogramm Reis, zumindest nachdem die jeweilige Sättigungsbeilage gekocht wurde. Die Verwendung von Fleisch möchte ich persönlich dringend empfehlen, nicht nur weil ich es selbst sehr gern mag, sondern weil ein Kollege nach einem lauwarmen Gemüseauflauf einmal fast geteert und gefedert wurde. Vegetarier haben es bei der Feuerwehr nicht leicht.

Fähigkeiten wie Salat und Gemüse zu waschen, Kartoffeln zu schälen oder Zwiebeln zu schneiden sind schnell erlernt, wobei Letzteres nach drei Kilogramm schon fast meditativen Charakter hat. Schwieriger ist es, das Fleisch auf den Punkt zu garen oder eine Soße ohne Klümpchen zu binden. Hier braucht es Erfahrung. Der Lernprozess dauert etwas länger, ist aber umso wichtiger, schließlich müssen Fehler gegebenenfalls von allen Kollegen verdaut werden.

Schwer im Magen liegt naturgemäß der Abwasch. Es ist darauf zu achten, dass nicht nur gemeinsam gekocht und gegessen wird, sondern dass auch jeder im Umgang mit Handtuch und Spülschwamm geschult wird. Sollte eine Spülmaschine vorhanden sein, empfehle ich sich jährlich wiederholende Einweisungen in die Technik und Einsatzgrenzen des Gerätes. Ein Topf mit zwei Litern eingetrockneter Erbsensuppe gehört nicht in die Spülmaschine.

Allgemein auch hier der Hinweis: Man muss sich mit seinem Können zu Hause nicht immer gleich anbiedern. Die leichtfertige Aussage »Och, gestern haben wir auf der Wache ein leckeres Gulasch gekocht« wird schnell missverstanden und führt daheim dann zu unschönen Kommentaren. Sätze wie »Wenn dir mein Gulasch nicht schmeckt, kannst du dir dein Gulasch ja in Zukunft selbst kochen!« oder »Auf die Idee, für die Kinder und mich zu kochen, bist du noch nie gekommen!« braucht kein Mensch.

Abschließend noch ein kleines Rezept für 15 bis 20 Feuerwehrmänner.

Bandnudeln mit einer Hackfleisch-Paprika-Tomaten-Soße

2 Kilo Zwiebeln fein würfeln, 100 Gramm frischen Knoblauch hacken, 20 Paprikaschoten waschen, entkernen und grob würfeln, ein Pfund gute Butter schmelzen, dann die Zwiebeln darin glasig schwitzen, anschließend Paprika und Knoblauch hinzufügen, parallel sechs Kilogramm Hackfleisch, halb Rind, halb Schwein, anbraten, anschließend unter das Gemüse heben, mit Salz und Pfeffer würzen, 3 Liter Tomatenketchup und 1 Liter Sahne zugeben, gut umrühren, gegebenenfalls mit etwas Brühe verdünnen, frisch gehackte Petersilie zuführen, abschmecken, 6 Kilogramm Nudeln al dente kochen – fertig.

Guten Appetit!

Weil bei der Feuerwehr die Drachen noch nicht ausgestorben sind

Auch wenn viele Feuerwehrmänner sich das Kind im Manne erhalten haben – es kommt ein Punkt im Leben, da empfindet man es als unangenehm oder peinlich, in der Bereitschaftszeit von den Kollegen beim gebannten Schauen von Kinderzeichentricksendungen erwischt zu werden.

Allerdings muss man die Sache differenziert betrachten. Benjamin Blümchen dürfte eher Hohn und Spott hervorrufen, obwohl in verschiedenen Folgen durch den Brandrat Lichterloh durchaus ein Bezug zur Feuerwehr besteht, während bei Grisu, dem kleinen Drachen, sofort der Fernsehraum überfüllt sein dürfte.

Grisu ist schon ein Phänomen. Eigentlich entfacht der kleine grüne Drache mehr Brände als jeder mir bekannte Brandstifter, dennoch erfreut sich der kleine Feuerspucker in Feuerwehrkreisen größter Beliebtheit. Viele Folgen haben mit dem Thema Feuerwehr nicht mal etwas zu tun, da wird Grisu eher Wachhund, Astronaut oder Geheimagent, aber das immer wieder formulierte Berufsziel »Ich werde Feuerwehrmann!« hat ausgereicht, um sich in die Herzen aller Feuerwehrmänner zu brennen.

Es gibt wohl kaum eine Feuerwache, in der Grisu nicht irgendwie zu Hause ist. Als Stofftier, Bettwäsche, Lehrgangsmaskottchen oder Aufkleber auf einem Feuerwehrhelm – Grisu ist weiter verbreitet als jede Feuerwehrdienstvorschrift. Was 1975 im italienischen Fernsehen als Zeichentrickfilm begann, ist heute das Synonym für einen ganzen Berufsstand. Grisu will schon eine ganze Weile Feuerwehrmann werden – solange er seinen Berufswunsch nicht ändert, wird die Feuerwehr sehr gern ein Reservat für kleine grüne Drachen bleiben.

DANK

Neben meiner Familie, meinem Freundeskreis, meiner Marion und meinem Hund Balu gebührt mein Dank für dieses Buch in erster Linie meinen lieben Kolleginnen und Kollegen.

In zahllosen Gesprächen haben sie mir geholfen, 112 Gründe zu finden, warum die Feuerwehr äußerst liebenswert ist. Besonderen Dank schulde ich denjenigen, die sich sogar die Mühe gemacht haben, mir in Briefen ausführlich zu schildern, wie ihr Lebensweg sie zur Feuerwehr geführt hat und warum diese Institution sie bis heute begeistert.

Natürlich gilt mein Dank auch dem Team des Schwarzkopf & Schwarzkopf Verlags. Ohne die Arbeit und Begeisterung dieser Menschen wären der Erfolg meiner ersten Bücher und die Entstehung dieses Buches kaum möglich gewesen.

Ein herzliches Dankeschön auch an die Firmen BALTES Schuhtechnik und S-GARD Schutzkleidung für die freundliche Unterstützung bei der Realisierung des Buchcovers.

DER AUTOR

Jörg Nießen wurde 1975 im Rheinland geboren. Erste Kontakte mit dem Blaulichtmilieu hatte er 1995 während des Zivildienstes als Rettungssanitäter. Seine Feuerwehrlaufbahn begann 1997 und dauert bis heute an. Und nicht nur in Feuerwehr- und Rettungsdienstkreisen erfreuen sich seine Bücher »Schauen Sie sich mal diese Sauerei an« und »Die Sauerei geht weiter« inzwischen großer Beliebtheit.

DER ZEICHNER

Der Zeichner Marco Reichert wurde 1987 in Reinbek bei Hamburg geboren. Seit 2008 arbeitet er bei Deutschlands zweitgrößter Berufsfeuerwehr. Seine Erlebnisse aus dem Feuerwehr- und Rettungsdienstalltag verarbeitet er in Cartoons, die auf amüsante und ironische Weise die Realität widerspiegeln. www.voll-verhaspelt.de

Jörg Nießen

112 GRÜNDE, DIE FEUERWEHR ZU LIEBEN

Eine Hommage an eine ganz besonders heiße Institution

ISBN 978-3-86265-197-9

© Schwarzkopf & Schwarzkopf Verlag GmbH, Berlin 2014

KATALOG

Wir senden Ihnen gern kostenlos unseren Katalog.

Schwarzkopf & Schwarzkopf Verlag GmbH

Kastanienallee 32, 10435 Berlin

Telefon: 030 – 44 33 63 00

Fax: 030 – 44 33 63 044

INTERNET | E-MAIL

www.schwarzkopf-schwarzkopf.de

info@schwarzkopf-schwarzkopf.de